Uwe Winkel

Die katholische Kirche - die Kirche Christi

Uwe Winkel

Die katholische Kirche - die Kirche Christi

Eine Trinitarische Interpretation des Verständnisses von „Haec Ecclesia (...) subsistit in Ecclesia catholica“ (LG 8)

Fromm Verlag

Impressum/Imprint (nur für Deutschland/ only for Germany)
Bibliografische Information der Deutschen Nationalbibliothek: Die Deutsche Nationalbibliothek verzeichnet diese Publikation in der Deutschen Nationalbibliografie; detaillierte bibliografische Daten sind im Internet über http://dnb.d-nb.de abrufbar.

Coverbild: www.ingimage.com

Contact:
International Book Market Service Ltd., 17 Rue Meldrum, Beau Bassin, 1713-01 Mauritius
Website: www.bookmarketservice.com
Email: info@bookmarketservice.com

Gedruckt in: USA, UK, Deutschland. Dieses Buch wurde nicht in Mauritius produziert.

Imprint (only for USA, GB)
Bibliographic information published by the Deutsche Nationalbibliothek: The Deutsche Nationalbibliothek lists this publication in the Deutsche Nationalbibliografie; detailed bibliographic data are available in the Internet at http://dnb.d-nb.de.

Cover image: www.ingimage.com

Contact:
International Book Market Service Ltd., 17 Rue Meldrum, Beau Bassin, 1713-01 Mauritius
Website: www.bookmarketservice.com
Email: info@bookmarketservice.com

Printed in: U.S.A., U.K., Germany. This book was not produced in Mauritius.

ISBN: 978-3-8416-0332-6

H.H. Pfarrer i.R.
Rudolf Atzert
gewidmet

Jesu Fürbitte für alle Glaubenden (Joh 17,20-26)

„Aber ich bitte nicht nur für diese hier, sondern auch für alle, die durch ihr Wort an mich glauben. Alle sollen eins sein: Wie du, Vater, in mir bist und ich in dir bin, sollen auch sie in uns sein, damit die Welt glaubt, dass du mich gesandt hast. Und ich habe ihnen die Herrlichkeit gegeben, die du mir gegeben hast; denn sie sollen eins sein, wie wir eins sind, ich in ihnen und du in mir. So sollen sie vollendet sein in der Einheit, damit die Welt erkennt, dass du mich gesandt hast und die Meinen ebenso geliebt hast wie mich. Vater, ich will, dass alle, die du mir gegeben hast, dort bei mir sind, wo ich bin. Sie sollen meine Herrlichkeit sehen, die du mir gegeben hast, weil du mich schon geliebt hast vor der Erschaffung der Welt. Gerechter Vater, die Welt hat dich nicht erkannt, ich aber habe dich erkannt und sie haben erkannt, dass du mich gesandt hast. Ich habe ihnen deinen Namen bekannt gemacht und werde ihn bekannt machen, damit die Liebe, mit der du mich geliebt hast, in ihnen ist und damit ich in ihnen bin."

Dank

An erster Stelle möchte ich unserem Heiligen Vater *Papst Benedikt XVI.* herzlich danken. Denn während eines Romaufenthaltes im Jahr 1994 unterhielt ich mich mit Kardinal Joseph Ratzinger, dem damaligen Präfekten der Glaubenskongregation, auf dem Petersplatz. Bei dieser Gelegenheit bat ich ihn um Literaturhinweise zum „subsistit in"-Verständnis. Er freute sich darüber, dass ich dieses Thema wissenschaftlich bearbeiten wollte und war gerne dazu bereit. Am darauffolgenden Tag gab er mir am Campo Santo die nebenstehende Literaturempfehlung.

Z. LThK-Ergänzungsbd. 2, Kommentar zu Lumen gentium
Mgr. Philips, L'Eglise et son mystère, 2 Bde 1966
Umberto Betti, —
Note der Glaubenskongregation zu Boff. Iglesia, carisma, poder
Instruktion d. Glaubenskongr. über Kirche als Communio, 1992 o. 1993

Literaturempfehlung von Kardinal Joseph Ratzinger (originale Handschrift)

Ebenso möchte ich in Dankbarkeit erinnern an den bereits verstorbenen *Bischof Eduard Schick* (Bischof von Fulda 1974-1982), der mir mit aufschlussreichem Rat zur Seite stand. Bischof Schick nahm, wie nur wenige mit ihm, als Konzilsvater an allen Sitzungsperioden des Zweiten Vatikanischen Konzils teil. Er ist bekannt geworden durch seine leitende Beteiligung an der Übersetzung der Neo-Vulgata (neue lateinische Bibelübersetzung) und wurde damals von der Deutschen Bischofskonferenz für die Erarbeitung der neuen Einheitsübersetzung beauftragt.

Dieses Buch möchte ich *Pfarrer i.R. Rudolf Atzert* widmen, der in meiner Heimatpfarrei „Christus Erlöser" in Baunatal über viele Jahre am Herz-Jesu-Freitag die Texte des Zweiten Vatikanischen Konzils vorlas und kommentierte. Ich danke ihm, dass er mich schon in meiner Jugendzeit mit den Aussagen dieses Konzils vertraut gemacht hat.

Ein herzliches „Vergelt´s Gott!" sage ich *Frau Monika Arnreich* für die Übertragung der mit Schreibmaschine verfassten Diplomarbeit in den Computer sowie *Herrn cand. theol. Jens Körber* für seine Überarbeitung der Diplomarbeit aufgrund der Buchveröffentlichung.

Vorwort

Im vorliegenden Buch handelt es sich um die dogmatische Diplomarbeit des Autors mit dem offiziellen Titel: *„Die katholische Kirche und ihr Verhältnis zu den anderen ‚Kirchen und kirchlichen Gemeinschaften' auf dem Hintergrund der Aussagen des Zweiten Vatikanischen Konzils über das Geheimnis der Kirche unter besonderer Berücksichtigung des Verständnisses von `Haec Ecclesia (...) subsistit in Ecclesia catholica' (LG 8).“* Die Diplomarbeit wurde bereits im Jahr 1994 geschrieben. Aus diesem Grund erklären sich gewisse Formulierungen, wenn es z.B. heißt: „(...) in dieser Weise noch nicht in der Literatur zu findende Interpretation des subsistit-Satzes (...)“. Die wissenschaftliche Bearbeitung dieses Themas geschah also noch vor dem Jahr 2000, indem der damalige Präfekt der Glaubenskongregation Kardinal Joseph Ratzinger in der Erklärung „Dominus Iesus“ auf das theologische Selbstverständnis der katholischen Kirche und auf den Ausdruck des Zweiten Vatikanischen Konzils „subsistit in“ (LG 8) einging. In „Dominus Iesus“ (Abschnitt 17) heißt es: „Die kirchlichen Gemeinschaften hingegen, die den gültigen Episkopat und die ursprüngliche und vollständige Wirklichkeit des eucharistischen Mysteriums nicht bewahrt haben, *sind nicht Kirchen im eigentlichen Sinn*“. Am 10. Juli 2007 veröffentlichte die Kongregation für die Glaubenslehre unter Präfekt Kardinal William Joseph Levada das Dokument „Antworten auf Fragen zu einigen Aspekten bezüglich der Lehre über die Kirche“. Dieses Dokument nimmt auch Bezug auf „Dominus Iesus“ und beschreibt die katholische Kirche als einzig wahre Kirche. Die orthodoxen Glaubensgemeinschaften werden als „Teilkirchen“ angesehen, da sie in der Apostolischen Sukzession stehen. Sie leiden jedoch einen Mangel, da ihnen die volle Gemeinschaft mit dem Papst und der römisch-katholischen Kirche fehlt. Die Gemeinschaften, die aus der sogenannten Reformation des 16. Jahrhunderts hervorgegangen sind, werden lediglich als „kirchliche Gemeinschaften“ bezeichnet, da sie sich nicht auf die Apostolische Sukzession berufen können. Papst Benedikt XVI. hat die Antworten dieses Dokuments gutgeheißen, bestätigt und deren Veröffentlichung angeordnet. Bis zum heutigen Tag wird diese Lehrentscheidung kritisiert. Die vorliegende dogmatische Diplomarbeit berücksichtigt bewusst sämtliche ekklesiologisch relevanten Texte des Zweiten Vatikanischen Konzils, dessen feierliche Eröffnung sich am 11. Oktober 2012 zum 50. Mal jährt. Dieses Jubiläum nimmt Papst Benedikt XVI. zum Anlass ein „Jahr des Glaubens“ auszurufen.

Inhaltsverzeichnis

Seite

Einleitung 9

ERSTER TEIL:

I. Die katholische Kirche als einzig wahre Kirche 14

1. *Das Verständnis von „Haec Ecclesia (...) subsistit in Ecclesia catholica" (LG 8)* 14
2. *Interpretation im Anschluss an das Zweite Vatikanum* 18
3. *Die Wortbedeutung von ‚subsistere'* 26

II. Der ‚Trinitarische Interpretationsversuch' 28

1. *Der Ursprung in Gott Vater* 32
2. *Die Gründung durch Jesus Christus* 33
3. *Die Besiegelung durch den Heiligen Geist* 34

III. Die Einzigartigkeit der einen Kirche in ihrem Verhältnis zu Gott Vater 34

IV. Die Einzigartigkeit der einen Kirche in ihrem Verhältnis zu Jesus Christus 36

V. Die Einzigartigkeit der einen Kirche in ihrem Verhältnis zum Heiligen Geist 39

VI. Was versteht das Zweite Vatikanum unter ‚Katholizität'? 41

1. *‚Katholizität der Zeit' als Begriff für ‚zeitliche Spannweite'* 42
2. *‚Katholizität' als Begriff für das Verhältnis von Gesamtkirche, Teilkirche (Ritus) und Pfarrei* 43
3. *‚Katholizität' im Zusammenhang mit der Kirche als „allumfassendem Sakrament des Heils" und ihrer Mission* 43
4. *‚Katholizität' als Begriff für die Einheit von pilgernder und himmlischer Kirche* 44
5. *‚Katholizität' als Begriff für die Fülle der Heilsmittel* 44
6. *‚Katholizität' als Begriff für die ‚trinitarisch geeinte Kirche'* 45

VII. Das Verständnis von „Haec Ecclesia (...) subsistit in Ecclesia catholica" (LG 8) im Geheimnis der ‚trinitarisch geeinten Kirche' 47

VIII. Bedeutsame Mittel der Heiligung und der Wahrheit als Ausdrucksformen der wahren Kirche und als Kriterien zur Unterscheidung nichtkatholischer ‚Kirchen und kirchlicher Gemeinschaften' 51

1. *Der Papst bzw. der Papst und das Bischofskollegium* 53
2. *Das Bischofsamt* 55
3. *Das Priesteramt* 56
4. *Das Diakonenamt* 57

IX. Die Sakramente 57

1. *Die Taufe* 58
2. *Die Firmung* 59
3. *Die Eucharistie* 59

4. *Das Bußsakrament* 60
5. *Die Krankensalbung* 60
6. *Der Ordo* 61
7. *Das Ehesakrament* 62
X. Die Marien- und Heiligenverehrung 62
XI. Die Heilsbedeutung, Heilsvermittlung und Heilsnotwendigkeit der Kirche 63
Zweiter Teil:
I. ‚Kirchen und Kirchliche Gemeinschaften' in ihrem dogmatischen Verhältniszur katholischen Kirche 68
II. Verschiedene Modelle hinsichtlich ihrer Eignung zur Verhältnisbestimmung zwischen den ‚Kirchen und kirchlichen Gemeinschaften' und der katholischen Kirche 69
1. *Das ‚Tortenmodell'* 69
2. *Das ‚Baummodell'* 69
3. *Das ‚Modell der konzentrischen Kreise'* 70
III. Eingliederung in die katholische Kirche und Verbundenheit mit ihr nach der Lehre des Zweiten Vatikanischen Konzils 72
1. *Zugehörigkeit durch Eingliederung in die katholische Kirche bei römisch-katholischen Christen und unierten Ostchristen* 72
2. *Die getrennten Ostkirchen in ihren grundsätzlichen Gemeinsamkeiten, Unterschieden und ihren dogmatischen Verhältnis zur Katholischen Kirche* 78
3. *Die aus der sogenannten ‚Reformation' des 16. Jh. hervorgegangenen kirchlichen Gemeinschaften in ihren grundsätzlichen Gemeinsamkeiten, Unterschieden und ihrem dogmatischen Verhältnis zur katholischen Kirche* 80
IV. Der ekklesiologische Charakter und die Heilsbedeutung der von der katholischen Kirche getrennten ‚Kirchen und kirchlichen Gemeinschaften' 84
1. *Der ekklesiologische Charakter der getrennten Ostkirchen* 84
2. *Der ekklesiologische Charakter der protestantisch kirchlichen Gemeinschaften* 85
3. *Die Heilsbedeutung der getrennten ‚Kirchen und kirchlichen Gemeinschaften' im Allgemeinen* 86
V. Die Einheit der einen Kirche angesichts der Existenz anderer ‚Kirchen und kirchlicher Gemeinschaften' unter ökumenischem Aspekt 88
VI. Zusammenfassung 90
Anhang/Bibliographischer Nachweis
Verzeichnis der wichtigsten Abkürzungen 95
Primärliteratur und allgemeine Nachschlagewerke 98
Sekundärliteratur 100

Einleitung

„Das zentrale Thema des Zweiten Vatikanischen Konzils ist die Kirche“[1] und die „besondere Darlegung ihres Geheimnisses“ (OT 9). „Bereits bei der Sichtung der von den Bischöfen und katholischen Universitäten nach der Konzilsankündigung angeforderten Voten zeigte sich die Ekklesiologie als Schwerpunktthema der projektierten Kirchenversammlung. (...) Auf der 1. Sessio (1963) avancierte das Kirchenthema zum Hauptthema des Konzils.“[2] Die „tiefere Klärung des Geheimnisses der Kirche“ (GS 2) durchzieht deshalb auch alle 16 Konzilsdokumente (vgl. NA 4, GS 40, LG 39); daher ist es eines der wichtigsten Anliegen dieser Arbeit, ein „Bild der konziliaren Ekklesiologie (...) aus der Lektüre und Zusammenschau aller Verlautbarungen zu gewinnen, (...) obgleich vom Inhalt wie von der (bisherigen) Wirkungs- und Rezeptionsgeschichte her nicht alle Texte gleich bedeutsam sind“[3]. Nichts liegt diesem Vorhaben nämlich ferner, als einzelne Aussagen aus dem Kontext herauszulösen und sie überzubetonen, wie dies beispielsweise mit dem „Schlüsselbegriff Volk Gottes“[4] oder mit der „Communio als Leitidee des II. Vatikanischen Konzils“[5] geschieht. Vielmehr müssten diese Aussagen und Begriffe eingeordnet sein in eine Gesamtkonstellation. Eine Ablösung vom Ganzen ergäbe eine Verflachung und Vereinseitigung des Kirchenbildes und –bewusstseins mit häufig oberflächlichem Inhalt[6]. Wenn sich das Konzil mit dem ‚Geheimnis' der Kirche beschäftigt hat, das auch „in der griechischen Patristik und in der orthodoxen Theologie bis heute im Vordergrund steht“[7], dann muss einem bewusst sein, dass sich „der Zugang zum Mysterium der Kirche (...) nur im Glauben (...) erschließt“[8]. „Die Kirche ist ein Inhalt des Glaubens“[9] und als Glaubensgeheimnis ist sie eine von Gott geoffenbarte Wahrheit, deren Mysterium auch nach ihrer Offenbarung dem menschlichen

---

[1] Lauter (1989), S. 324.
[2] Beinert (1986), S. 15.
[3] Ebd., S. 12.
[4] Vgl. Lauter (1989), S. 322f.
[5] Döring (1988), S. 439-469.
[6] Vgl. Lauter (1989), S. 322f.
[7] Schütte (1991), S. 20; unter Bezugnahme auf G. Larentzakis: Über die Bedeutung der Ortskirche in der orthodoxen Theologie, S. 228.
[8] Fries (1966), S. 17.
[9] Schütte (1991), S. 19.

Verstand nicht vollkommen zugänglich ist[10], „was immer wir darüber sagen mögen bleibt unzulänglich und fragmentarisch“[11]. Mit einem Zitat aus einer Katechese Papst Johannes Pauls II. möchte ich überleiten und hinführen zur Themenstellung dieser Diplomarbeit; der Papst lehrt: „Wir glauben an die Kirche und sind gleichzeitig die glaubende und betende Kirche. (...) Daraus ergibt sich, dass der Glaube an die Kirche, das Ja-Sagen zu ihr in der Annahme des Glaubens, eine logische Konsequenz des gesamten Credo und insbesondere des Bekenntnisses des Glaubens an Christus, den Gottmenschen ist“[12]. Die Kirche als Glaubensartikel steht also im Kontext des gesamten Credo, aber es ist eine Realität, dass bis heute viele verschiedene Konfessionen existieren, die sich inhaltlich und ontologisch voneinander unterscheiden. Nach UR 1 „erheben mehrere christliche Gemeinschaften vor den Menschen den Anspruch, das wahre christliche Erbe Jesu Christi darzustellen“. Daraus ergeben sich nun zahlreiche Fragen, von denen an dieser Stelle einige, besonders zentrale, angeführt werden sollen:

- Hat die katholische Kirche nach der Lehre des Zweiten Vatikanischen Konzils ihre Überzeugung, die einzig wahre Kirche zu sein, relativiert oder sogar aufgegeben?
- Handelt es sich, wie der heutige gesellschaftliche und manchmal auch innerkirchliche Sprachgebrauch nahe legt, um ein undifferenziertes Nebeneinander[13] der „Kirchen“ und Konfessionen?
- In welchem dogmatischen Verhältnis stehen die verschiedenen ‚Kirchen und kirchlichen Gemeinschaften’ zur katholischen Kirche?
- Was bedeutet „Kirchlichkeit“ bei den nichtkatholischen ‚Kirchen und kirchlichen Gemeinschaften’?
- Wie steht es um die Heilsbedeutung der anderen ‚Kirchen und kirchlichen Gemeinschaften’?

---

[10] Vgl. Holböck (1962), S. 214; unter Bezugnahme auf J. Braun: Handlexikon der katholischen Dogmatik, Freiburg 1926, S. 217.

[11] Lauter (1989), S. 328.

[12] Johannes Paul II., Katechese, OR vom 02.08.1991 (Nr. 31/32).

[13] Bei folgenden Literaturnachweisen, die exemplarisch erscheinen, wird kein Wertunterschied zwischen den verschiedenen sogenannten ‚Kirchen’ deutlich; es entsteht der Eindruck eines ‚paritätischen Nebeneinander’: Weissgerber (1963), S. 175; Raabe (1974); Arbeitshilfen (59), S. 13-19; Petri (1988), S. 364-366, 372, 374.

- Wie ist Ökumene im Hinblick auf die Einheit der Kirche angesichts dieser zahlreichen sich unterscheidenden Konfessionen zu verstehen?

Diese Fragen sollen im Verlauf dieser Arbeit, soweit wie möglich, geklärt und beantwortet werden.

Die grundsätzliche Gliederung dieser Diplomarbeit möchte ich in Anlehnung an den Aufbau des 1. Kapitels des Ökumenismusdekrets vornehmen, das „zunächst die Einheit und Einzigkeit der Kirche darstellt, sodann das Verhältnis der getrennten Brüder zur katholischen Kirche, wobei auch die Heilsbedeutung der nichtkatholischen Kirchen und Gemeinschaften hervorgehoben wird“[14]. Selbst wenn „die Spaltung als Ärgernis und die Einheit als dringliche Aufgabe angesehen wird“[15], soll nach J. Ratzinger „das Christsein der getrennten Brüder anerkannt und zugleich die Wunde der Kirche, die in ihrer Trennung liegt, nicht verschwiegen werden“[16]. Für die vorliegende Gliederung bedeutet dies, dass in einem ersten Teil, der etwa zwei Drittel der Arbeit ausmacht, die Einzigartigkeit der katholischen Kirche dargestellt werden soll, wobei die Diskussion und die Interpretation des Verständnisses von „*Haec Ecclesia*, in hoc mundo ut societas constituta et ordinata, *subsistit in Ecclesia catholica*, a successore Petri et Episcopis in eius communione gubernata, licet extra compaginem elementa plura sanctificationis et veritatis inveniantur, quae ut dona Ecclesiae Christi propria, ad unitatem catholicam impellunt“ (LG 8) als Ausgangspunkt dient. Dieser subsistit-Satz bedarf nach H. Heinemann „noch genauerer Untersuchungen seitens der Dogmatik und der Fundamentaltheologie“[17], zu denen mit dieser Arbeit ein Beitrag geliefert werden soll. Es geht also in diesem ersten Teil um die grundsätzliche dogmatische Wesensbestimmung der katholischen Kirche in ihrer wahrhaftigen Identität mit der einen und einzigen Kirche Jesu Christi. Und nachdem dann die „stärkere Bewusstmachung der Kirche und das stärkere Verständnis ihrer eigenen Natur“[18] gemäß der Zielvorstellung Papst Pius VI., die er in seiner Eröffnungsansprache am 29.09.1963 an das Konzil

[14] Stakemeier (1963), S. 174.
[15] Schütte (1991), S. 171.
[16] Ratzinger (1969), S. 102.
[17] Heinemann (1987), S. 379.
[18] Wiltgen (1988), S. 87.

herantrug, herausgearbeitet und zusammengefasst worden ist, soll in einem zweiten Teil, der etwa ein Drittel der Arbeit umfasst, das „ökumenische Problem in seiner heutigen Gestalt (...) ansichtig werden: es geht nicht bloß darum, über den einzelnen nichtkatholischen Christen etwas auszusagen, sondern das Verhältnis ‚der Kirche' zu ‚den Kirchen' zu bestimmen"[19]. Die anderen ‚Kirchen und kirchlichen Gemeinschaften' lassen sich meines Erachtens nur adäquat einschätzen und verstehen in ihrer dogmatisch-ekklesiologischen Beziehung zur römisch-katholischen Kirche, da sie ja „lange Zeit ihr Leben in kirchlicher Gemeinschaft geführt haben" (UR 19). Darüber hinaus wird einzugehen sein auf den ekklesiologischen Charakter und die Heilsbedeutung dieser ‚Kirchen und kirchlichen Gemeinschaften' sowie auf die Frage nach der Einheit der einen Kirche angesichts der vielen verschiedenen Bekenntnisgruppen. Und weil diese Arbeit auch Bedeutung für den ökumenischen Dialog haben kann, der erst dann sinnvoll zu führen ist, wenn die jeweiligen Standpunkte unmissverständlich vertreten werden, muss sich also auch hier bemüht werden, die Lehre der Kirche klar vorzulegen, denn „nichts ist dem ökumenischen Geist so fern wie jener falsche Irenismus, durch den die Reinheit der katholischen Lehre Schaden leidet und ihr ursprünglicher und sicherer Sinn verdunkelt wird" (UR 11). Das ‚Direktorium zur Ausführung der Prinzipien und Normen über den Ökumenismus' vom 25.03.1993 sieht „in unseren Tagen (...) eine gewisse Tendenz zur Unklarheit in der Lehre"[20]. Vielleicht kann die vorliegende Arbeit einen bescheidenen Beitrag liefern, um dieser Tendenz entgegenzuwirken.

Weil diese Arbeit mit einer sehr umfangreichen Themenstellung überschrieben ist, muss mit Rücksicht auf den Rahmen einer Diplomarbeit darauf aufmerksam gemacht werden, dass unmöglich alle ekklesiologischen Aspekte und Probleme, die im Folgenden konzeptionalisiert werden, in ihrer dogmatischen und dogmengeschichtlichen Ausführlichkeit behandelt werden können. Vielmehr soll versucht werden, anhand der vom Zweiten Vatikanischen Konzil approbierten endgültigen Textgestalt und der in Kontinuität dazu stehenden ekklesiologischen Aussagen des Lehramtes und verschiedener Theologen, einen logischen Argumentationsgang zu

---

[19] Ratzinger (1964), S. 161.

[20] Verlautbarungen des Apostolischen Stuhls (110), Nr. 6.

entwickeln. Wenn es nun darum geht, ekklesiologische Aspekte im Gesamtzusammenhang aller Konzilsdokumente zu beleuchten, ist es denkbar, dass beispielsweise die spezifische Intention eines einzelnen Konzilszitates überschritten wird, die möglicherweise andere Deutung jedoch im Kontext aller 16 Dokumente legitim erscheint. Diese Bemerkung erlaube ich mir in Analogie zur Exegese der Heiligen Schrift, bei deren Abfassung die einzelnen Hagiographen aller Wahrscheinlichkeit nach erstens nicht mit vollem Bewusstsein Heilige Schrift verfassen wollten, also stückweise unbewusst etwas schrieben, was in späterer Zeit eine andere Bedeutung bekam und sie zweitens möglicherweise eine spezifische Intention verfolgten, welche aber später vom authentischen Lehramt der Kirche im Gesamtkanon der Heiligen Schrift eine davon abweichende, aber dennoch völlig legitime Auslegung erfahren hat (vgl. DV 12). Beispielhaft hierfür ist auch die traditionelle Lehre vom „mehrfachen Schriftsinn“[21] und vor allem die des „Sensus catholicus“ oder des „Sensus plenior“[22]. In analoger Weise kann dies auch bei der Auslegung der Konzilstexte der Fall sein, wenn nämlich Aussagen einzelner Konzilsväter mit ihrer spezifischen Intention im größeren Zusammenhang, eventuell auch unbewusst, eine andere, dennoch völlig legitime Bedeutung erhalten können als ursprünglich beabsichtigt.

Wenn der Heilige Geist bei der Abfassung der Heiligen Schrift gewirkt hat (vgl. DV 11), warum sollte er nicht in ähnlicher Weise auf einem ökumenischen Konzil wirken, bei dem der Papst mit dem Weltepiskopat versammelt ist im Vertrauen auf die göttliche Beistandsverheißung des Heiligen Geistes[23], um eine in allen 16 approbierten Konzilsdokumenten enthaltene Erkenntnis, die vielleicht auf den ersten Blick verborgen scheint, in späterer Zeit aufzudecken und zu vermitteln, damit die Menschen immer tiefer in das Geheimnis der Kirche vordringen? Konkret möchte ich hier hinweisen auf den von mir entwickelten „Trinitarischen Interpretationsversuch“ des Verständnisses von „Haec Ecclesia (...) subsistit

---

[21] Vgl. Robert; Feuillet (1963), S. 182-188, 197f., 199-208, 209.

[22] Vgl. Schildenberger (1964), S. 492.

[23] Vgl. Johannes Paul II. (1994), S. 186: „Das Konzil – oder wie man es damals nannte: das ‘Seminar des Heiligen Geistes’ – war eine wichtige Erfahrung der Kirche. Im Konzil sprach der Heilige Geist zur gesamten Kirche in ihrer Universalität, die von der Teilnahme der Bischöfe aus der ganzen Welt bestimmt wurde.“.

in Ecclesia catholica" (LG 8), der in dieser Weise bisher noch nicht in der Literatur bekannt ist, der mir aber im Kontext der dafür relevanten ekklesiologischen Konzilsaussagen legitim erscheint und hinsichtlich seiner Konsequenzen als wertvoller Beitrag zur Erforschung dessen dient, was das Zweite Vatikanische Konzil beabsichtigt hat, nämlich die „tiefere Klärung des Geheimnisses der Kirche" (GS 2).

ERSTER TEIL:

I. Die katholische Kirche als einzig wahre Kirche

1. Das Verständnis von „Haec Ecclesia (...) subsistit in Ecclesia catholica" (LG 8)

Wie in der Einleitung angedeutet wurde, ist der subsistit-Satz aus Lumen Gentium (Artikel 8) von großer Wichtigkeit für die Ekklesiologie des Zweiten Vatikanischen Konzils. Einer genaueren von H. Heinemann postulierten Untersuchung dieses Verständnisses (s.o.) soll im Folgenden Rechnung getragen werden und kann als Ausgangspunkt dienen, um im ersten Teil dieser Arbeit der Frage nachzugehen, ob die katholische Kirche, die vom Papst und den mit ihm in Gemeinschaft stehenden Bischöfen geleitet wird, die eine und alleinige wahre Kirche ist, welche der einzig wahre Gott ins Leben gerufen und mit allen zum Heil notwendigen Mitteln ausgestattet hat. Die Vorgeschichte des viel diskutierten subsistit-Satzes in LG 8 liegt in der kirchlichen Lehre der Zeit vor dem Zweiten Vatikanischen Konzil. Schon im Jahre 1208 wurde die eine Kirche mit der heiligen, römischen, katholischen und apostolischen Kirche ausdrücklich gleichgesetzt[24]. Mit Bonifatius VIII. und seiner Bulle ‚Unam sanctam' wurde ebenso die Identifizierung der heiligen, katholischen und apostolischen Kirche mit dem mystischen Leib Christi ausgesprochen und gelehrt[25]. In dieser Kontinuität spricht auch Pius IX. von der „wahren Kirche Christi"[26]; in seinem Apostolischen Schreiben ‚Iam vos

[24] Vgl. Innozenz III.: Brief „Eius exemplo" an den Erzbischof von Tarragona, 18.12.1208 (D 792).
[25] Vgl. Bonifatius VIII.: Bulle „Unam sanctam", 18.11.1302 (D 870).
[26] Vgl. Pius IX.: Syllabus, 08.12.1864 (D 2917).

omnes' an alle Protestanten und andere Nichtkatholiken heißt es wörtlich, dass die „einzige Kirche, das heißt die eine, heilige, katholische und apostolische, auf Petrus erbaut"[27] ist. Dieselbe Lehre kommt in der Enzyklika ‚Satis cognitum' zum Ausdruck.[28] In der Enzyklika ‚Mortalium animos' aus dem Jahr 1928 hat Papst Pius XI. erklärt, dass „niemand in der einen Kirche Christi sein kann, der nicht im Gehorsam zur Autorität des Papstes steht"[29]. Pius XII. hat in seinen Enzykliken ‚Mystici Corporis' (1943) und ‚Humani Generis' (1950) ebenfalls insistiert, dass „der Mystische Leib Christi und die römisch-katholische Kirche ein und dasselbe Ding sind"[30]. Nachdem nun Papst Johannes XXIII. das Zweite Vatikanische Konzil angekündigt hatte, wurde im Jahr 1960 eine theologische Kommission gebildet, dessen Vorsitz der Präfekt des Heiligen Offiziums, Kardinal Ottaviani, übernahm. Als Sekretär stand ihm Sebastian Tromp zur Seite, der einst an der Abfassung der Enzyklika ‚Mystici corporis' mitarbeiten durfte[31]. „Als Quellen für die Abfassung eines vorbereitenden Entwurfs über die Kirche standen die Enzykliken und Papstansprachen der letzten 100 Jahre sowie der Codex des kanonischen Rechts von 1917 und Dokumente römischer Kongregationen zur Verfügung."[32] Erwartungsgemäß war im „Text der Vorbereitungskommission gesagt worden, dass das biblische ‚Mysterium der Kirche' schlechthin die römisch-katholische Kirche sei"[33]. Sinngemäß heißt es dort: „Die römisch-katholische Kirche ist der Mystische Leib Christi (...) und nur das, was römisch-katholisch ist, hat das Recht, Kirche genannt zu werden"[34]. Obwohl

---

[27] Pius IX.: Apostolisches Schreiben „Iam vos omnes" an alle Protestanten und andere Nicht-Katholiken, 13.09.1868 (D 2997).

[28] Vgl. Leo XIII.: Enzyklika „Satis cognitum", 29.06.1896 (D 3304).

[29] Eigene Übersetzung, Sullivan (1988), S. 23: „Pope Pius XI. (...) had similarly declared that no one could be in the one church of Christ who was not in obedience to the authority of the Pope." (Sullivan nimmt hier Bezug auf die Enzyklika „Mortalium animos (1928)); unter Bezugnahme auf AAS 20 (1928), S. 15.

[30] Eigene Übersetzung, ebd., S. 23: „Pope Pius XII. (...) had insisted that the Mystical Body of Christ and the Roman Catholic Church are one and the same thing (...)" (Sullivan nimmt hier Bezug auf die Enzykliken „Mystici corporis" (1943) u. „Humani generis" (1950)).

[31] Vgl. ebd., S. 23.

[32] Beinert (1986); S. 15f.

[33] Schillebeckx (1990), S. 242; unter Bezugnahme auf Schemata Constitutionum et Decretorum, Series secunda, Vatikanstadt 1962, c.1, nr. 7,12.

[34] Eigene Übersetzung, Sullivan (1988), S. 23: „"The Roman Catholic Church is the Mystical Body of Christ (...) and only the one that is Roman Catholic has the right to be called church.'"; unter Bezugnahme auf AS I/4, 15: "7. (Ecclesia Catholica Romana est Mysticum Christi Corpus). Docet

dieser Satz, wie oben dargelegt, eindeutig in der Tradition der päpstlichen Lehre steht, „erhob sich als dieser vorbereitende Entwurf während der ersten Konzilssession in den Vollversammlungen zur Diskussion kam, gegen diese Vereinfachung aus dem Kreis des Weltepiskopats heftiger Widerspruch“[35]. „Unter der Kritik über den Entwurf, der in der Woche vom 01. bis 07.12.1962 vom Konzil diskutiert wurde, wurden jene mehrmals gehört, die diese exklusive Identifikation zwischen dem Mystischen Leib und der katholischen Kirche betraf“[36]. Die Folge war, dass ein neuer Entwurf verfasst werden musste[37]. Dies geschah während des Frühjahrs und Sommers 1963; im allgemeinen ist viel Material des ersten Entwurfs in den neuen eingegangen und auch „in der Frage, mit der wir uns beschäftigen, folgte der neue Entwurf dem ersten in der Erklärung, dass die eine und einzige Kirche Christi die römisch-katholische ist, aber er fügt die signifikante Anerkennung hinzu, dass ‚viele Elemente der Heiligung außerhalb ihrer gesamten Struktur gefunden werden können’ und dass diese ‚Dinge eigentümlich zur Kirche Christi gehören’.“[38] Doch musste sich auch dieser zweite revidierte Entwurf seitens der Konzilsväter einer heftigen Kritik unterziehen; dies geschah während des Novembers 1963. „Man sträubte sich gegen eine unnuancierte Gleichsetzung des Mystischen Leibes mit der römisch-katholischen Kirche.“[39] Von November 1963 bis September 1964, dem Beginn der dritten Konzilsperiode,

---

igitur Sacra Synodus et sollemniter profitetur non esse nisi unicam veram Iesu Christi Ecclesiam, eam nempe quam in Symbolo unam, sanctam, catholicam et apostolicam celebramus (...).”; eigene Übersetzung: “7. (Die römisch-katholische Kirche ist der Mystische Leib Christi) Daher lehrt die Heilige Synode und bekennt feierlich, dass es keine andere einzig wahre Kirche Jesu Christi gibt, als die, die wir im Glaubensbekenntnis als die eine, heilige, katholische und apostolische feiern (...).“.

[35] Schillebeckx (1990), S. 242ff.

[36] Eigene Übersetzung, Sullivan (1988), S. 23f.: „Among the criticisms that were made of the draft during the were made of the draft during the week that it was discussed by the council (Dec. 1-7, 1962), one that was heard a number of times concerned this exclusive identification between the Mystical Body and the Catholic Church.”; unter Bezugnahme auf Kard. Lienart, AS I/4, 126-7; Bischof De Smedt, AS I/4, 142-4; Kard. Bea, AS I/4, 228.

[37] Vgl. Schillebeckx (1990), S. 242ff.

[38] Eigene Übersetzung, Sullivan (1988), S. 24: „On the question we are dealing with, the new draft followed the previous one in asserting that the one and only church of Christ is the Roman Catholic Church, but it added the significant admission that ‘many elements of sanctification can be found outside its total structure’ and that these are ‘things properly belonging to the church of Christ.’”; unter Bezugnahme auf AS II/1, 219-220.

[39] Schillebeckx (1990), S. 243.

wurde der Entwurf über die Kirche beträchtlich überarbeitet[40] und bezüglich unserer Frage kam man zu folgender Lösung. Man ersetzte die Formulierung „Haec igitur Ecclesia, vera omnium Mater et Magistra, in hoc mundo ut societas constituta et ordinata, est Ecclesia catholica (...)“[41] vor allem hinsichtlich des ‚est' durch den Ausdruck ‚subsistit in', der von G. Philips, einem flämischen Priester, Senator und Theologen aus Löwen, stammt. „Diesem ‚subsistere in' gab Philips keineswegs eine spezifisch scholastische Bedeutung, im Sinne des stark ontologisch geprägten substantia-Begriffs, wobei gerade eine Minderheit der Konzilsväter diese Formel aufgrund ihrer scholastischen Prägung ‚geschluckt' haben.“[42] „Bei der Abstimmung über den so stark verbesserten Text des ersten Kapitels am 16.09.1964 gab es nur 63 neue Verbesserungsvorschläge. (...) Die meisten (57) Modi bezogen sich auf die oben erwähnte Textänderung in Nr. 8: 13 Väter wollten die alte Formulierung mit ‚est', 19 dagegen noch weitergehend als die neue Fassung ‚subsistit integro modo in Ecclesia catholica'; bei so gegensätzlichen Anträgen blieb der verbesserte Text in der von der Kommission vorgeschlagenen Form.“[43] Begründet wurde die Veränderung von ‚est' zu ‚subsistit in' zunächst damit, dass man kirchliche Elemente in den anderen ‚Kirchen und kirchlichen Gemeinschaften' nicht ausschließen wollte[44]. Der Ausdruck stimmt sodann besser überein mit der Bejahung ekklesialer Elemente, die es auch anderswo gibt[45]. Dies kann auch Bischof E. Schick bestätigen, wenn er sagt, dass „die Änderung von ‚est' zu ‚subsistit in' mit Rücksicht auf die anderen ‚Kirchen und kirchlichen Gemeinschaften' geschah, damit auch ihnen der Name ‚Kirche' oder das Attribut ‚kirchlich' gegeben werden konnte. Die anderen ‚Kirchen und kirchlichen Gemeinschaften' haben mehr oder weniger viele Elemente der Wahrheit und der Heiligung (vgl. Sola-Prinzipien: sola gratia, sola fides, sola scriptura),

---

[40] Vgl. Beinert (1986), S. 15f.

[41] Vgl. Alberigo; Magistretti (1975), S. 38.

[42] Schillebeckx (1990), S. 245.

[43] Müller (1967), S. 265f.

[44] Vgl. AS III/1, 177 (Relationes de singulis numeris, Relatio in nr. 8,25): „Quaedam verba mutantur: loco ‚est', 1.21, dicitur ‚subsistit in', ut expressio melius concordet cum affirmatione de elementis ecclesialibus quae alibi adsunt.“; eigene Übersetzung: „Es sollen einige Wörter geändert werden: anstatt ‚est', 1.21, wird gesagt ‚subsistit in', was deutlich besser übereinstimmt mit der Behauptung, dass es auch anderswo kirchliche Elemente gibt.“.

[45] Vgl. Müller (1967), S. 265.

jedoch ist diese Aussage vor allem historisch zu verstehen bezüglich des Verhältnisses der katholischen Kirche zu den anderen Kirchen und kirchlichen Gemeinschaften."[46] O.H. Pesch geht sogar so weit, dass er behauptet, der Grund der abschwächenden Formulierung von ,est' zu ,subsistit in' läge darin, „die nicht katholischen getrennten Kirchen nicht zu diskreditieren."[47] Die zweite Absicht der Kommission bei der Ausdrucksänderung sieht E. Schillebeckx darin, dass eine „Gleichsetzung die eschatologische Spannung in der Kirche leugnen würde, und infolgedessen sei man geneigt, die himmlische Vollendung der Kirche schon in der noch auf Erden pilgernden Kirche realisiert zu sehen."[48] Damit wollte man auch darauf hinweisen, dass die Kirche eine Kirche aus sündigen Menschen ist[49].

Für den weiteren Verlauf der Arbeit möchte ich vor allem den ersten oben genannten Grund im Auge behalten und weiter untersuchen, denn er stellt einen direkten Bezug dar sowohl zum ersten als auch zum zweiten Teil dieser Arbeit.

2. Interpretation im Anschluss an das Zweite Vatikanum

In weitgehender Übereinstimmung mit den Bemerkungen einzelner Konzilsväter (vgl. Anmerkung 36 (im Folgenden abgekürzt mit „Anm.")) interpretieren zahlreiche Theologen den Satz „Haec Ecclesia (...) subsistit in Ecclesia catholica" (LG 8) so, als sei eine exklusive Identifizierung der Kirche Christi mit der katholischen Kirche nicht mehr gegeben. A. Grillmeier vertritt schon ein Jahr nach Beendigung des Konzils die Auffassung, dass mit der neuen Formulierung ,subsistit in' kein „absolutes, exklusives Identitätsurteil, etwa in dem Sinne: die Kirche Christi ,ist' die katholische Kirche" ausgesprochen werde und dabei falle „Kirchlichkeit (...) nicht einfachhin mit der katholischen Kirche zusammen"[50]. Nach E. Schlink mache die

[46] Aus einem Gespräch mit Bischof Eduard Schick am 11.07.1994 mit seiner Erlaubnis zum Zwecke der Zitation.

[47] Fries; Pesch (1987), S. 157.

[48] Schillebeckx (1990), S. 243.

[49] Vgl. ebd., S. 245f.

[50] Grillmeier (1966), S. 175.

Textveränderung deutlich, dass die „Exklusivität der Identifizierung der einen, heiligen, katholischen und apostolischen Kirche mit der römischen im Bereich der irdischen Existenzweise selbst aufgelockert werden sollte“[51]. Einige Jahre später schließt sich L. Boff der Meinung an, dass „die katholische Kirche nicht die Kirche Christi ist in einem ausschließlichen Identitätsurteil“[52]. Auch M. Kaiser übernimmt die Auffassung Grillmeiers, indem er sich auf dessen Kommentar im LThK-Ergänzungsband zum 1. Kapitel von Lumen Gentium beruft, dabei aber ohne nähere Begründung zu dem Urteil gelangt, das Zweite Vatikanische Konzil habe „die ausschließliche Gleichsetzung der katholischen Kirche mit der Kirche Jesu Christi aufgegeben“[53]. Neben K. Lehmann[54], F. A. Sullivan[55] können noch E. Schillebeckx[56] und L. Scheffczyk als Vertreter dieser Interpretation genannt werden, wobei letzterer darauf hinweist, dass „hier tatsächlich keine volle Gleichsetzung der beiden Begriffe stattfindet, was den Eindruck erwecken könnte, als ob die (katholische) Kirche von ihrem Anspruch abginge, die eine wahre Kirche Jesu Christi und der eine mystische Leib Christi zu sein“[57]. Weiter als die bisher genannten Theologen geht Y. Congar, der die Adjektive ‚exklusiv‘ oder ‚absolut‘ schlicht und einfach weglässt und so zu folgender Aussage kommt: „Das Konzil identifiziert nicht einfach den ‚mystischen Leib‘ mit der römisch-katholischen Kirche, nicht einmal mit der Kirche Christi“[58]. Neben O. H. Pesch, der darüber hinaus in jener Veränderung der Ausdrücke die „wichtigste theologische Selbstrelativierung der Kirche Roms“[59] zu sehen vermutet, verzichtet auch W. Beinert auf oben genannte Adjektive und meint, „die römisch-katholische Kirche ist nicht mehr schlechterdings die Kirche; diese hat freilich ihre konkrete Existenzform in ihr (vgl. LG 8), aber sie ist in gestufter Intensität auch in anderen Gemeinschaften anwesend“[60]. Letzteren Aspekt einer gestuften Kirchlichkeit greift auch H. J. Schulz auf, wenn er sagt, dass LG 8

---

[51] Schlink (1966), S. 90.

[52] Boff (1972), S. 416.

[53] Kaiser (1976), S. 292 u. 299.

[54] Vgl. Lehmann (1976), S. 275.

[55] Vgl. Sullivan (1988), S. 24f.

[56] Vgl. Schillebeckx (1990), S. 246.

[57] Scheffczyk (1993), S. 145.

[58] Congar (1976), S. 282.

[59] Fries; Pesch (1987), S. 156.

[60] Beinert (1986), S. 33.

„den Durchbruch von einem allein auf die römisch-katholische Kirche eingeschränkten Verständnis von Leib Christi und Kirche vollzieht hin auf ein Kirchenverständnis, das, von der vollen Verwirklichung innerhalb der katholischen Kirche ausgehend, doch das gesamte Spektrum der Kirchen und kirchlichen Gemeinschaften als in ihrer Intensität unterschiedliche Verwirklichungsstufen aufgreift und letztlich das ganze Gottesvolk der Erlösten umspannt“[61]. Um die Auflistung dieses ekklesiologischen Meinungsspektrums abzuschließen, sei noch M. Kehl zitiert, der nicht nur der Auffassung ist, „die einfache Identität zwischen dem Volk Gottes und der römisch-katholischen Kirche wird aufgehoben, insofern die Beziehung zwischen beiden nicht mehr durch ein undifferenziertes ‚est' ausgesagt wird (...), sondern durch den interpretationsfähigen Begriff ‚subsistit' (...)“[62], sondern der sogar die Ekklesiologie Papst Pius XII. als ‚Theorie' abqualifiziert und der Enzyklika ‚Mystici corporis' den „Höhepunkt und zugleich das Ende dieser ekklesiologischen Perspektive“[63] andichtet. Nicht nur diese letztgenannte Polemik, sondern auch der Inhalt der oben aufgeführten Meinungen verlangt im Folgenden erstens eine kritische Betrachtungsweise und zweitens einen unbedingt differenzierteren Interpretationsversuch. Ohne Zweifel wäre es angebracht, ausführlich auf die Meinung jedes einzelnen oben genannten Theologen einzugehen; weil dies aber in diesem Rahmen nicht möglich ist, möchte ich die verschiedenen Auffassungen in drei Gruppen zusammenfassen. Eine Mehrheit[64] interpretiert den subsistit-Satz so, dass eine ‚exklusive Identifizierung' der Kirche Christi mit der katholischen Kirche nicht gegeben sei und stellt dies als Lehre des Zweiten Vatikanischen Konzils dar. Eine weitere Gruppe[65] lehnt bei der Interpretation sogar schlechthin die Identifizierung der Kirche Christi mit der katholischen Kirche ab, wobei jedoch nicht sicher festgestellt werden kann, ob das Weglassen der Adjektive ‚exklusiv' bzw. ‚absolut' absichtlich geschehen ist. Dennoch ist der in der Publikation fixierte Wortlaut Gegenstand meiner Kritik. Zwei von mir angeführte Theologen[66] sind zwar ebenfalls der ersten bzw. zweiten oben

[61] Schulz (1986), S. 360.
[62] Kehl (1992), S. 413.
[63] Ebd., S. 412.
[64] Vgl. Grillmeier, Schlink, Boff, Kaiser, Lehmann, Sullivan, Schillebeckx, Scheffczyk (Anm. 50-57).
[65] Vgl. Congar, Pesch, Beinert, Kehl (Anm. 58-60 u. 62).
[66] Vgl. Beinert, Schulz (Anm. 60 u. 61).

genannten Gruppe zuzuordnen, bringen aber darüber hinaus den Aspekt einer ‚gestuften Verwirklichung der Kirche' ein. Wie sind nun diese Interpretationsansätze einzuschätzen? Was die erste oben genannte Gruppe betrifft, so ist es wichtig darauf hinzuweisen, dass Worte einen positiven und negativen Bedeutungsgehalt umfassen können. Dass man so den Wörtern ‚exklusiv' bzw. ‚absolut' eine von vornherein negative Bedeutung zuschreibt, ist nicht einzusehen. Oben genannte Autoren behalten Recht, wenn mit dem Exklusivitäts- und Absolutheitsanspruch der katholischen Kirche alle Menschen außerhalb der Kirche praktisch hoffnungslos verloren wären. Aber Exklusivität und Absolutheit bedeutet im positiven Sinn, dass hier etwas Einzigartiges vorliegt, was es so absolut nicht noch einmal gibt. Etwas so Einzigartiges wie die katholische Kirche, die ja prinzipiell niemandem den Zutritt zu ihr verweigert, ist außerordentlich positiv. Also ist nicht einzusehen, weshalb man einer ‚exklusiven' oder ‚absoluten' Identifizierung der Kirche Christi mit der katholischen Kirche so ablehnend gegenübersteht, wie es bei oben genannten Autoren der Fall ist. Auch eine etwaige Berufung auf dunkle Zeiten in der Kirchengeschichte, in denen Nichtkatholiken möglicherweise ‚verteufelt' worden sind, rechtfertigt in keiner Weise die Ablehnung einer Terminologie, die die Wahrheit besser erkennen lässt. Denn wie aus zahlreichen allgemeinen begriffsgeschichtlichen Untersuchungen hervorgeht, erfuhren nicht wenige Worte einen Bedeutungswandel und deshalb kann man auch zu jeder Zeit der Theologiegeschichte negativ belasteten Worten wieder einen neuen vertieften Sinn mit positivem Inhalt geben, so dass es in unserem Fall durchaus denkbar ist, auch weiterhin von einer ‚exklusiven' oder ‚absoluten' Identifizierung der Kirche Christi mit der katholischen Kirche zu sprechen. Wenn jetzt auf die zweite Gruppe oben genannter Anschauungen eingegangen werden soll, dann kann hier klar und eindeutig belegt werden, dass eine Identifizierung der Kirche Christi mit der katholischen Kirche sicher nicht durch das Zweite Vatikanische Konzil aufgehoben oder relativiert worden ist. Es stellt sich die Frage, warum W. Beinert als einer der zu dieser Meinungsgruppe gehörenden Theologen unter Bezugnahme auf Grillmeiers Formulierung „konkrete Existenzform“[67] einen Widerspruch zwischen ‚Sein' und ‚Existenz'[68] konstruiert. Es ist also nicht evident, weshalb man auf Grund

[67] Grillmeier (1966), S. 174.

[68] Vgl. den unter Anm. 60 zitierten Satz; vgl. Beinert (1990), S. 33f.: „die so definierte Gemeinschaft ist nicht die Kirche Christi, sondern verwirklicht sie nur“ – Hier wird wiederum ein

eines angeblich sprachlichen Unterschieds, der in Wirklichkeit schlecht aufrechterhalten werden kann[69], eine die Kirche Christi und die katholische Kirche betreffende ontologische Unterscheidung aufrechterhalten sollte. Einsichtiger ist vielmehr folgendes: was Jahrhunderte lang beständige Lehre der Kirche war, kann unmöglich durch eine begriffliche Veränderung ins Gegenteil gewendet werden. Wenn es wahre Lehre der Kirche gewesen ist, dass die Kirche Christi gleichzusetzen ist mit der einen, heiligen, katholischen und apostolischen Kirche, dann kann es unmöglich wahr sein, dass dies auf einmal nicht mehr so ist. Und etliche Theologen verstehen LG 8 und insbesondere den subsistit-Satz vollkommen richtig, denn trotz der terminologischen Veränderung „beansprucht die römisch-katholische Kirche also auch nach dem II. Vatikanischen Konzil, die einzige Kirche Jesu Christi zu sein“[70]. Durch den Ausdruckswechsel wird also dennoch „einerseits das Selbstverständnis der katholischen Kirche ausgedrückt, zugleich aber unterstrichen, dass auch außerhalb der katholischen Kirche Elemente erkennbar sind, die der Kirche Jesu Christi eigen sind“[71]. Auch Bischof E. Schick, der als Konzilsvater in Rom war, versichert, „dass damit jedoch nicht aufgehoben ist, dass die katholische Kirche die Kirche Christi ist, denn in ihr ist die Fülle der Wahrheiten“[72]; jede gegenteilige Auffassung weist Schick energisch zurück. Ebenso klar sieht auch G. May die Gleichsetzung der Kirche Christi mit der römisch-katholischen Kirche[73]. Nicht zuletzt gibt uns eine Notifikation der Kongregation für die Glaubenslehre deutlichen Aufschluss über die rechte Interpretation des subsistit-Satzes. Im Jahr 1985 relativierte die Glaubenskongregation Leonardo Boffs Auffassung über die Kirche und tadelte seine falsche Interpretation des entscheidenden Begriffs des II. Vatikanischen Konzils zu dieser Frage, vor allem was die theologische Bedeutung der katholischen Kirche gegenüber den protestantischen

---

scheinbarer Widerspruch konstruiert. Worin besteht aber der Gegensatz von ‚ist/sein' und ‚verwirklichen/Wirklichkeit/Realität'? (vgl. dazu: Schill (1993), S. 84 u. 203).

[69] Die Begriffe ‚Sein', ‚Existenz' und ‚Verwirklichung' gelten als Synonyme; vgl. dazu: Schill (1993), S. 84 u. 203.

[70] Löser (1986), S. 337f.

[71] Heinemann (1987), S. 379.

[72] Aus einem Gespräch mit Bischof Eduard Schick am 11.07.1994 mit seiner Erlaubnis zum Zwecke der Zitation.

[73] Vgl. May (1991), S. 9.

Gemeinschaften betreffe[74]. Während Boff behauptet, „(...) die katholische, apostolische, römische Kirche (...) darf nicht den Anspruch erheben, sie allein sei mit der Kirche identisch, da diese auch in anderen christlichen Kirchen subsistieren kann“[75], entgegnet die römische Nota folgendes: „Aus der berühmten Aussage des Konzils: ‚Die Kirche (d.h. die einzige Kirche Christi) (...) ist verwirklicht in der katholischen Kirche', leitet L. Boff eine These ab, die der authentischen Bedeutung des Konzilstextes genau widerspricht, wenn er behauptet: ‚In der Tat kann sie (nämlich die einzige Kirche Christi) auch in anderen christlichen Kirchen verwirklicht sein' (s. Boff (1985), S. 140). Das Konzil hingegen hatte das Wort ‚subsistit' gerade deshalb gewählt, um klarzustellen, dass es nur eine einzige ‚Verwirklichung' der wahren Kirche gibt, während es außerhalb ihres sichtbaren Gefüges lediglich ‚elementa Ecclesiae' gibt, die – da sie Elemente derselben Kirche sind – zur katholischen Kirche tendieren und hinführen (LG 8). Das Dekret in der Erklärung Mysterium Ecclesiae, Nr. 1, noch einmal präzisiert wurde (AAS LXV, 1973, S. 396-398).“[76] Aus dieser Notation ergibt sich auch die Antwort auf die dritte ‚Gruppe' oben genannter Theologen[77], welche von ‚gestufter Verwirklichung der Kirche' ausgehen. Da es gemäß der Glaubenskongregation nur eine einzige Subsistenzweise gibt und bei anderen ‚Kirchen und kirchlichen Gemeinschaften' nicht von ‚Subsistenz' gesprochen wird, darüber hinaus nach offizieller kirchlicher Lehre weder vom Konzil oder in dessen Kontinuität stehenden Dokumenten noch von anderer lehramtlicher Seite her der Terminus ‚gestufte Verwirklichung der Kirche' o.ä. gebräuchlich ist, kann sicher davon ausgegangen werden, dass auch diese Interpretation nicht zutreffend ist. Abschließend muss noch kurz auf die Polemik M. Kehls eingegangen werden (vgl. Anm. 63). Im Zusammenhang mit ‚Mystici corporis' schreibt Kehl sowohl die „Bellarminischen Prinzipien“ als auch Bezeichnungen wie „häretisch oder schismatisch“[78] der Vergangenheit zu, was offensichtlich falsch ist, denn die „Bellarminischen Prinzipien“[79]

---

[74] Vgl. Kehl (1985), S. 341f.

[75] Boff (1985), S. 140.

[76] Notifikation der Kongregation für die Glaubenslehre zu dem Buch „Kirche: Charisma und Macht" von L. Boff. In: L'Osservatore Romano, Wochenausgabe in deutscher Sprache, Nr. 13 vom 29.03.1985, S. 4.

[77] Vgl. Beinert, Schulz (Anm. 60-61).

[78] Vgl. Kehl (1992), S. 412.

[79] Vgl. CIC/1983, c. 205.

genießen bis heute im geltenden Kirchenrecht volle Aktualität genauso wie die Bezeichnungen „häretisch oder schismatisch“[80]. Demnach scheint die Enzyklika ‚Mystici corporis' doch nicht „Höhepunkt und Ende einer ekklesiologischen Perspektive“ zu sein, wie Kehl meint (s.o.), sondern lässt sich ohne Schwierigkeiten mit der Lehre des Zweiten Vatikanischen Konzils vereinbaren, wenngleich das Konzil versucht hat, das Geheimnis der Kirche noch tiefer zu ergründen (vgl. Einleitung). Zuvor wurde die Vorgeschichte und das Zustandekommen des subsistit-Satzes aus LG 8 dargestellt. Die hauptsächliche Begründung für den Wechsel von ‚est' zu ‚subsistit in' besteht darin, dass man den Elementen der Wahrheit und Heiligung, die in anderen ‚Kirchen und kirchlichen Gemeinschaften' zu finden sind, mehr Beachtung schenken wollte (vgl. z.B. Anm. 44). Bischof A. Carli hat aber in der Konzilsdiskussion seine Bedenken hinsichtlich des neuen Ausdrucks ‚subsistit in' folgendermaßen geäußert: „Weil die Kirche Christi und die katholische Kirche zwei verschiedene Sachen zu sein scheinen; (...) soll man einfacher und wahrhaftiger sagen: ‚est', weil die Quellen es so sagen“[81]. Möglicherweise hat Carli jene Interpretationen, die oben dargestellt und systematisiert worden sind, vorausgeahnt, denn nur *scheinbar*, wie er sagt, werden die Kirche Christi und die katholische Kirche als zwei Dinge betrachtet, was in Wirklichkeit nicht der Fall ist, wie die kritische Auseinandersetzung mit diesen bereits genannten Thesen gezeigt hat. Vielmehr hat mit dem Wechsel von ‚est' zu ‚subsistit in' keine Abgrenzung zur überlieferten kirchlichen Lehre stattgefunden. Es kann vorläufig konstatiert werden, dass die Identifizierung der Kirche Christi mit der katholischen Kirche durch den oben genannten sprachlichen Wechsel keineswegs relativiert worden ist. Dafür spricht auch die Tatsache, dass das Konzil am selben Tag, an dem es die Dogmatische Konstitution über die Kirche verabschiedet hatte, auch das Dekret über die katholischen Ostkirchen in der endgültigen Fassung approbierte, in dem die Gleichsetzung der Kirche Christi mit der katholischen Kirche unmissverständlich ausgedrückt wird, wenn es dort heißt: „Die heilige katholische Kirche *ist* der mystische Leib Christi (...)“ (OE 2). Selbst eine

---

[80] Vgl. CIC/1983, c. 751.

[81] Eigene Übersetzung, AS III/1, 652 (A. Carli, Bischof): „N. 8, pag. 15, linn. 19-26. In hac propositione non placent: a) ‚subsistit in' nam videretur Ecclesia Christi et Ecclesia catholica duas esse res distinctas, quarum illa in hac subsistat tamquam in subiecto. Dicatur simpliciter et verius: ‚est', quia ita dicunt fontes. (…)“.

‚exklusive' oder ‚absolute' Identifizierung ist legitim, wenn man sie in positiver Weise versteht, so dass es nämlich nur eine einzige ‚Verwirklichung' der wahren Kirche gibt (vgl. Anm. 76): Die römisch-katholische Kirche. Keine andere christliche Gemeinschaft ist diesbezüglich mit der katholischen Kirche zu vergleichen, was nicht ausschließt, dass es auch außerhalb ihres Gefüges einzelne Bestandteile der Heiligung und der Wahrheit gibt. Wenn die römische Glaubenskongregation die gegenteilige These von L. Boff verurteilt, dass nämlich die einzige Kirche Christi auch in anderen christlichen Kirchen verwirklicht sein kann, steht sie unausgesprochen auch etlichen oben angeführten Meinungen kritisch und ablehnend gegenüber, denn in der „einen einzigen ‚Verwirklichung' der wahren Kirche" (vgl. Wortlaut der Notation) kommt zumindest sehr deutlich ein Absolutheits- und Exklusivitätsanspruch der katholischen Kirche gegenüber den anderen ‚Kirchen und kirchlichen Gemeinschaften' zum Ausdruck. Welche Bedeutung der subsistit-Satz näher hin für das Verhältnis anderer ‚Kirchen und kirchlicher Gemeinschaften' zur katholischen Kirche hat[82], soll im Kontext dafür relevanter Konzilstexte im zweiten Teil dieser Arbeit behandelt werden. Im ersten Teil soll ja erwiesen werden, dass das Konzil in der katholischen Kirche nach wie vor[83] die einzig wahre Kirche Christi sieht. Um das vorläufige Zwischenergebnis nachhaltiger zu festigen und zu verifizieren, möchte ich einen eigenen Interpretationsversuch auf der Grundlage der dafür relevanten ekklesiologischen Konzilsaussagen entwickeln und ihn nicht nur für den ersten, sondern auch für den zweiten Teil dieser Diplomarbeit fruchtbar machen, in dem u.a. der ekklesiologische Charakter der anderen ‚Kirchen und kirchlichen Gemeinschaften' herausgearbeitet werden soll. Gleichzeitig könnte dadurch ein Beitrag geliefert werden zu einem tieferen Verständnis des Wechsels von ‚est' zu ‚subsistit in', nach dessen Bedeutung für die Lehre über die katholische Kirche immer wieder gefragt wird[84]. Wie in der Einleitung

[82] Vgl. Sullivan (1988), S. 25.

[83] Vgl. Kasper (1965), S. 43ff.

[84] Vgl. Sullivan (1988), S. 25: "What is the significance of this change from ‚is' to ‚subsists in' for our thinking about the Catholic Church?"; eigene Übersetzung: "Was ist die Bedeutung des Wechsels von ‚est' zu ‚subsistit in' bezüglich unseres Denkens über die katholische Kirche?"; vgl. Schillebeckx (1990), S. 245f., der von „postvatikanischen Erklärungsversuchen" spricht; vgl. Scheffczyk (1993), S. 145: „Es ist viel darüber gerätselt worden, warum das Konzil zur Bezeichnung der einzigen wahren Kirche die Formel wählte: ‚Sie subsistiert in der katholischen Kirche'.".

zu dieser Arbeit erwähnt worden ist, geht es dem Zweiten Vatikanischen Konzil um eine „tiefere Klärung des Geheimnisses der Kirche“ (GS 2). Während sich dieses Anliegen in allen 16 Konzilsdokumenten widerspiegelt (vgl. z.B. OT 9, NA 4, GS 40, LG 39), ist die Dogmatische Konstitution über die Kirche im Besonderen darum bemüht. Vor allem im ersten Kapitel der Kirchenkonstitution möchte das Konzil „ein vertieftes Grundverständnis dessen (...) gewinnen, was Kirche im letzten ist“[85]. In diesem Kapitel befindet sich auch unser subsistit-Satz, dessen tieferer Sinn im Folgenden zu deuten versucht werden soll. Höchst interessant ist in diesem Zusammenhang ein Kritikpunkt zum ersten Entwurf des Kirchenschemas, in dem anstatt ‚subsistit in' noch ‚est' stand; jener erste Entwurf nämlich steige nicht in die Tiefe des Glaubens hinab, er wiederhole nur, was frühere Konzilien bereits gesagt hätten, aber es ginge doch vielmehr darum, die Kirche von innen her zu erfassen[86]. Für das rechte Verständnis von „Haec Ecclesia (...) subsistit in Ecclesia catholica“ (LG 8) bedeutet dies, dass das, was frühere Konzilien oder Päpste gelehrt haben, keinesfalls aufgehoben worden ist, es soll vielmehr tiefer in jene alte Lehre eingedrungen werden. Dieser Tatsache möchte auch folgender Interpretationsversuch gerecht werden.

3. Die Wortbedeutung von ‚subsistere'

Um den Sinn und die Bedeutung unserer Aussage auf tiefere Weise zu erfassen, erscheint es sinnvoll, zunächst den Sinngehalt des Wortes ‚subsistere' zu bestimmen. ‚Subsistere', das in den Konzilsdokumenten insgesamt sechsmal[87] vorkommt, kann nach F. A. Sullivan im herkömmlichen Sinn übersetzt werden mit “stillstehen, bleiben, fortführen, zurückbleiben etc.“[88]. Auch E. Schick übersetzt ‚subsistere' gemäß dem „cicerianischen

---

[85] Zweites Vatikanisches Konzil: Dogmatische Konstitution über die Kirche. Mit einer Einleitung von Joseph Ratzinger (1965), S. 8.

[86] Vgl. Galli (1964), S. 25.

[87] Vgl. Indices verborum et locutionum decretorum Concilii Vaticani II, 1-16 (Istituto per le Science religiose di Bologna), Firenze 1968; Bologna 1980; Bologna 1983; bzw. Index verborum cum documentis Concilii Vaticani Secundi, Xaverius Ochoa, Roma 1967 (Institutum Iuridicum Claretianum): LG 8, UR 4, UR 13, NA 3, GS 10, DH 1.

[88] Eigene Übersetzung, Sullivan (1988), S. 26: „'to stand still, to stay, to continue, to remain,' etc.".

Latein mit ‚stillstehen, haltmachen, verbleiben, verharren'"[89]. Im Sinne des griechischen Äquivalents ‚ὑφίστημι', das soviel wie „darunterstellen, sich darunterstellen und bestehen"[90] bedeutet, kann man auch ‚subsistere' mit ‚unterstehen, darunterstellen' übersetzen. Im Italienischen wird ‚sussistere' mit „bestehen, vorliegen"[91] wiedergegeben. Ähnlich wird das englische ‚subsist' als „existieren, bestehen, weiterbestehen, fortdauern"[92] ins Deutsche übertragen. Nach oben zitierten Wörterbüchern wird das Substantiv ‚subsistentia' aus dem Lateinischen mit „Bestand, Subsistenz", aus dem Griechischen als ‚ὑπόστᾰσις' mit „Substanz, Materie, Stoff, Wirklichkeit, wahres Wesen", aus dem Englischen als ‚subsistence' mit „Dasein, Existenz" und im deutschen Fremdwörterbuch als ‚Subsistenz' mit „Bestand, Bestehen durch sich selbst materielle Existenz"[93] übersetzt. Aus den genannten Wortbedeutungen und Übersetzungen lassen sich meines Erachtens zwei Wortfelder konstatieren. Das erste besteht aus den Worten ‚verharren, verbleiben, bestehen, existieren' etc., das zweite aus den Worten ‚sich darunterstellen, unterstehen' etc. Nach dem ersten Wortfeld ergibt sich die Aussage: „Diese Kirche (Christi) (...) verharrt, verbleibt, besteht, existiert in der katholischen Kirche"[94]. Weil ‚existieren, bestehen' etc. sprachliche Synonyme für ‚sein' (ist/est) sind (vgl. Anm. 69), spiegelt sich also in der Bedeutung des ersten Wortfeldes die beständige Lehre der Kirche wider, dass die eine und einzige Kirche Christi mit der katholischen Kirche gleichzusetzen und identisch ist. Dennoch hat man ‚est' durch ‚subsistit in' ersetzt. Die Ablehnung einer Identifizierung der Kirche Christi mit der katholischen Kirche als weiterer möglicher Grund konnte bereits oben, wie auch hier, widerlegt werden. Dennoch fragt man sich nach einem tieferen Grund, der den Wechsel von ‚est' zu ‚subsistit in' rechtfertigt[95], ohne einerseits die alleinige, einzigartige und in diesem Sinne exklusive

---

[89] Aus einem Gespräch mit Bischof Eduard Schick am 11.07.1994 mit seiner Erlaubnis zum Zwecke der Zitation.

[90] Vgl. Menge-Güthling (1987), S. 719.

[91] Vgl. Klausmann-Molter (1986), S. 732.

[92] Vgl. Messinger; Rüdenberg (1977), S. 1193.

[93] Vgl. Duden „Fremdwörterbuch" (1982), S. 735.

[94] Aus einem Gespräch mit Bischof Eduard Schick am 11.07.1994 mit seiner Erlaubnis zum Zwecke der Zitation.

[95] Vgl. Sullivan (1988), S. 25.

Identifizierung der Kirche Christi mit der katholischen Kirche zu berühren[96], aber ohne andererseits auch das Vorhandensein von Elementen der Wahrheit und Heiligung außerhalb der katholischen Kirche zu verneinen. Diesem tieferen Grund möchte ich im Folgenden durch eine von mir entwickelte, zwar auf literarischen Belegen aufbauende, aber in dieser Weise noch nicht in der Literatur zu findende Interpretation des subsistit-Satzes näher kommen. Dabei dient das zweite oben erwähnte Wortfeld als Ausgangspunkt, denn die Worte ‚ὑφίστημι' bzw. ‚ὑπόστᾰσις' als griechische Äquivalente zu ‚subsistere' bzw. ‚Subsistenz' legen es nahe, einen Bezug herzustellen zur Trinitätstheologie, in der die Begriffe ‚Hypostase' bzw. ‚Subsistenz' üblich sind. Deshalb möchte ich die im Folgenden dargestellte Deutung des subsistit-Satzes als ‚Trinitarischen Interpretationsversuch' bezeichnen und ihn im Kontext aller dafür relevanten ekklesiologischen Konzilsaussagen entwickeln.

II. Der ‚Trinitarische Interpretationsversuch'

Der Grundgedanke meines Interpretationsversuchs besteht darin, das Geheimnis der Kirche, insbesondere das Verständnis von „Haec Ecclesia (...) subsistit in Ecclesia catholica“ (LG 8), in Analogie zum Geheimnis der Heiligsten Dreieinigkeit zu interpretieren. Wenn das Konzil in LG 8 und infolgedessen auch der Theologe A. Grillmeier die Logoshypostase zur Deutung des Mysteriums der Kirche[97] einsetzt, dann darf man sicher auch versuchen, mit der Terminologie des bedeutenden Theologen Karl Rahner, eine ähnliche Analogie zur tieferen Klärung des Geheimnisses der Kirche zu entwickeln. Rahner schreibt über die Heiligste Dreieinigkeit: „Der eine Gott ist in drei ‚Personen' (Subsistenzen), die die eine göttliche Natur (das eine göttliche Wesen, die eine göttliche Substanz) sind und die darum gleich ewig und gleich allmächtig sind. Diese drei Personen sind (real) von einander

---

[96] Vgl. Sullivan (1988), S. 26f.: „One can only conclude that it is in the Catholic Church alone that the Church of Christ subsists with that fullness of the means of salvation which Christ entrusted to the apostolic college.“; eigene Übersetzung: „Man kann nur schließen, dass in der katholischen Kirche allein die Kirche Christi subsistiert mit der Fülle der Erlösungsmittel, die Christus den Aposteln anvertraut hat.“.

[97] Vgl. Grillmeier (1966), S. 171.

unterschieden“[98]. Bei dieser theologischen Formulierungsweise ist in unserem Zusammenhang das Wort ‚Subsistenz' von großer Wichtigkeit, welches Rahner als das „schlechthinnige Unmitgeteiltsein und die Unmittelbarkeit eines Seienden, durch die es als schlechthin in seiner Wirklichkeit in sich und für sich ist“[99] definiert. „Karl Rahner geht davon aus, dass die Aussage, in Gott gebe es ‚drei Personen' und darum werde er als dreieiner Gott bezeichnet, heute fast notwendig im Sinne eines christlich illegitimen Tritheismus missverstanden wird (...). Er schlägt vor, statt von ‚drei Personen' von ‚drei distinkten Subsistenzweisen' zu sprechen. (...) Rahner formuliert: ‚Insofern es sich bei Geist, Logos-Sohn und Vater in strengstem Sinne darum handelt, dass Gott sich selbst und nicht ein anderes, von ihm Unterschiedenes gibt, ist im strengstem Sinne von Geist, Logos-Sohn und Vater in gleicher Weise zu sagen, dass sie der eine und selbe Gott in der unbegrenzten Fülle der einen Gottheit und im Besitz des einen und selben göttlichen Wesens sind.' (...) So erschließt Rahner die Eigenart der göttlichen Subsistenzweisen aus dem dreigestaltigen Geschehen der göttlichen Selbstmitteilung.“[100] Ohne zu meinen, man könne dieses große Glaubensgeheimnis in einer Formel erfassen, darf man in der Terminologie Rahners jedoch folgendes in einen logischen Zusammenhang bringen: Wenn Vater, Sohn und Heiliger Geist als „distinkte Subsistenzweisen“ bezeichnet werden, subsistiert (wörtlich: ‚stellt sich darunter', der Vater in der Dreierbeziehung, d.h. im Geheimnis der Dreieinigkeit, genauso wie der Sohn und der Heilige Geist. Hieraus lässt sich ableiten: Vom Vater ist in gleicher Weise wie vom Sohn und Geist zu sagen, dass er der eine und selbe Gott im Besitz des einen und göttlichen Wesens ist (vgl. Rahner-Terminologie). Weil aber die Dreieinigkeit nicht tritheistisch zu verstehen ist[101], sondern als die eine ungeteilte ganze Gottheit, ist auch der Vater – dem göttlichen Wesen nach – voll und ganz identisch mit dem göttlichen Wesen der Heiligsten Dreieinigkeit. Genau das gleiche muss nun für den Sohn und den Heiligen Geist gelten. Vom Sohn ist in gleicher Weise wie vom Vater und Geist zu sagen, dass er der eine und selbe Gott im Besitz des einen und selben

---

[98] Rahner; Vorgrimler (1985), S. 90; unter Bezugnahme auf DS 73; 112; 800; NR 248; 918; DS 44; 188; 526ff.; 1330f.; NR 912f.; 268ff.; 281ff.; DS 75; 531f.; 1330ff.; 2828; NR 915; 274f.; 281ff.

[99] Rahner; Vorgrimler (1985), S. 394.

[100] Löser (1984), S. 24ff.; unter Bezugnahme auf K. Rahner: Grundkurs des Glaubens, S. 141.

[101] Vgl. ebd., S. 29.

göttlichen Wesens ist. Weil aber die Dreieinigkeit nicht tritheistisch zu verstehen ist, sondern als die eine ungeteilte ganze Gottheit, ist auch der Sohn – dem göttlichen Wesen nach – voll und ganz identisch mit dem göttlichen Wesen der Heiligsten Dreieinigkeit. Und auch vom Geist ist in gleicher Weise wie vom Vater und Sohn zu sagen, dass er der eine und selbe Gott im Besitz des einen und selben göttlichen Wesens ist. Weil aber die Dreieinigkeit nicht tritheistisch zu verstehen ist, sondern als die eine ungeteilte ganze Gottheit, ist auch der Geist – dem göttlichen Wesen nach – voll und ganz identisch mit dem göttlichen Wesen der Heiligsten Dreieinigkeit.

Wie bereits gesagt wurde, soll das Geheimnis der Kirche, insbesondere das Verständnis von „Haec Ecclesia (...) subsistit in Ecclesia catholica" (LG 8), in Analogie zu diesem Geheimnis der Dreieinigkeit gedeutet werden. Bevor aber diese Analogie Schritt für Schritt dargelegt werden kann, ist es notwendig, zunächst näher einzugehen auf das Geheimnis der Kirche, so wie es praktisch in allen 16 Konzilsdokumenten zum Ausdruck kommt. Nach dem Zweiten Vatikanischen Konzil nämlich „gründet die Kirche zutiefst im trinitarischen Geheimnis Gottes"[102]. „Das Geheimnis der Kirche ist im dreifaltigen Gott verwurzelt und hat deshalb als erste und grundlegende Dimension die dreifaltige, insofern die Kirche von ihrem Ursprung bis zu ihrem geschichtlichen Ende und ihrer ewigen Bestimmung in der Dreifaltigkeit Bestand und Leben hat."[103] Vor der Approbation der endgültigen Fassung der Konzilstexte haben etliche Konzilsväter dafür plädiert, das trinitarische Geheimnis der Kirche deutlich zum Ausdruck zu bringen[104].

---

[102] Kehl (1992), S. 92.

[103] Johannes Paul II., Katechese, OR vom 18.10.1991 (Nr. 42); unter Bezugnahme auf den hl. Cyprian: De oratione dominica, 23: PL 4, 553; vgl. auch Holböck (1962), S. 219.

[104] Vgl. AS II/2, 151 (Bischof E.D'Almeida Trindade): "textus non videtur satis in evidentiam ponere quae singulis SS.Trinitatis sunt propria vel de ipsis per appropriationem in Sacra Scriptura et traditione fundatam sunt dicta, qundo agitur de describendo earum interventu in mysterio Ecclesiae efformando."; eigene Übersetzung: "Der Text scheint nicht genügend auf die Offenkundigkeit zu setzen, welche den einzelnen Personen der Heiligsten Dreieinigkeit eigen sind oder von ihnen durch Appropriation ausgesagt sind, begründet in der Heiligen Schrift und der Heiligen Tradition, wenn gehandelt wird von der Beschreibung ihres Handelns im Geheimnis der Ausformung der Kirche."; vgl. AS II/2, 183 (Erzbischof C. Morcillo Gonzalez): "Pag. 8, linn. 39-40: 'sic apparet universa Ecclesia de unitate Patris et Filii et Spiritus Sancti plebs adunata'. Sensus huius affirmationis per se verus et pulcher agnoscitur, cum indicet unitam socialem Ecclesiae fieri ad exemplar unitatis Personarum divinarum, iuxta Io. 21, 22.26 et liturgiam baptismi, quo in nomine

Nach H. Schütte ist „dieser trinitarische Bezug ausdrücklich schon bei den Kirchenvätern angesprochen. Tertullian schreibt: ‚Da, wo die Drei, Vater, Sohn und Heiliger Geist, sind, da befindet sich auch die Kirche' (De bapt. 6,2). Die Einheit der Kirche steht nach Cyprian von Karthago im Zusammenhang mit dem Geheimnis der Trinität: Die Kirche ist das ‚von der Einheit des Vaters und des Sohnes und des Heiligen Geistes her geeinte Volk' (De orat. dom.23). Nach Cyrill von Alexandrien sind wir ‚alle im Vater, Sohn und Heiligen Geist eins' (In Joan. comm. XI 18,11), weil wir denselben Geist empfangen haben, sind wir Glieder des einen Leibes Christi"[105]. Auch Hieronymus[106] und Basilius[107] stellen deutlich den Bezug der Kirche zur Trinität her. G. Philips bestätigt, dass der enge Zusammenhang der Kirche mit dem Mysterium der Heiligsten Dreifaltigkeit schon ein altes Thema der

---

Patris et Filii et Spiritus Sancti homines in Ecclesiam ingrediuntur. Caveatur tamen ne talia verba possint interpretari quasi Ecclesia esset effectus trium actionum quae sint propriae Patris, Filii et Spiritus Sancti. Absonum enim esset Concilium fovere theologiam trinitariam actionum propriarum ad extra, contra theologiam traditionalem appropriationum."; eigene Übersetzung: „'So erscheint die universale Kirche als das von der Einheit des Vaters und des Sohnes und des Heiligen Geistes her geeinte Volk.' Der Sinn dieser Bejahung wird durch sich selbst als wahr und gut anerkannt, da er zeigt, dass die Einheit der Kirche als eine soziale zum Bild der Einheit der göttlichen Personen wird, gemäß Joh 21, 22.26 und der Liturgie der Taufe, durch die im Namen des Vaters und des Sohnes und des Heiligen Geistes die Menschen in die Kirche eintreten. Man hüte sich dennoch, dass nicht Derartige Worte interpretiert werden können, wie wenn die Kirche eine Wirkung dreier Tätigkeiten, welche sind eigene des Vaters und des Sohnes und des Heiligen Geistes. Gegen den Ton nämlich, dass das Konzil eine trinitarische Theologie der je eigenen Wirkungen nach außen hin fordert im Gegensatz zur überlieferten Theologie der Appropriationen."; vgl. AS II/2, 203 (Erzbischof J. Wolff): „1. Ad par. 2, pag. 7. Modus trinitarius praesentandi mysterium Ecclesiae nobis valde placet. Sed intentio generalis schematis clarius patebit si in unoquoque momento, thema centrale luculenter delineatur, scil. quoad Consilium Patris = Iesum Christus; quoad missionem Filii = mysterium, oeconomiam seu dispositionem Incarnationis; quoad Spiritum Sanctum = missionem sic dictam invisibilem in Ecclesiam ut homines filii in Filio devenire possint, secundum aeternum Patris consilium. Sic ratio trinitaria mysterii Ecclesiae aperte videbitur."; eigene Übersetzung: "Es gefällt uns sehr die Darstellung des Geheimnisses der Kirche auf trinitarische Weise. Der allgemeine Gedanke käme aber klarer hervor, wenn bei jedem einzelnen Punkte das zentrale Thema besser beschrieben würde, z.B. Klugheit des Vaters = Jesus Christus; Sendung des Sohnes = Geheimnis, Plan der Menschwerdung; der Heilige Geist = unsichtbare Sendung in der Kirche, dank welcher die Menschen als Söhne im Sohn hervortreten nach der ewigen Bestimmung des Vaters. So wird die trinitarische Sichtweise des Geheimnisses der Kirche deutlicher erscheinen.".

[105] Schütte (1991), S. 29f.

[106] Vgl. Liturgia Horarum (1975), S. 350.

[107] Vgl. Schütte (1991), S. 31.

Kirchenväter war[108]. So ist es auch kein Wunder, dass das Zweite Vatikanische Konzil die „trinitarische Signatur der Kirche"[109] den Gläubigen neu ins Bewusstsein rufen wollte. „Genau in dieser Beziehung sieht das Konzil das ‚Mysterium' der Kirche, ihren tiefsten theologischen Sinn. (...) Konkret lässt sich der trinitarische Charakter der Kirche als Communio von ihren spezifischen Beziehungen zu den einzelnen Personen der dreifaltigen Communio Gottes her näher erläutern."[110] Es geht also um die Frage, wie sich die Kirche aus der Perspektive des Vaters zu ihr, des Sohnes zu ihr und des Heiligen Geistes zu ihr darstellt[111]. Während wir dieser Frage nachgehen und stets die beabsichtigte Analogie der Kirche zum Geheimnis der göttlichen Dreieinigkeit im Auge behalten, möchte ich im Folgenden das spezifische Verhältnis des Vaters, anschließend das des Sohnes und zuletzt das des Heiligen Geistes zur Kirche eingehender beschreiben; hierbei sollen vorwiegend die Konzilstexte zur Sprache kommen. Dieses Vorhaben ist mit einem weiteren Aspekt verbunden, der vor allem auch für den zweiten Teil dieser Arbeit von großer Bedeutung ist, denn in der Verhältnisbestimmung der jeweiligen göttlichen Person zur Kirche soll gerade auch die Einzigartigkeit der einen und alleinigen Kirche zum Vorschein kommen, wonach es legitim ist, von dieser Kirche als der einzig wahren zu sprechen.

1. Der Ursprung in Gott Vater

Mehrfach ist in den Konzilstexten die Bezeichnung Kirche Gottes zu finden und in PO 16 ist von „seiner Kirche" die Rede, denn es geht um jene Kirche, die „hervorgegangen ist aus der Liebe des ewigen Vaters" (GS 40). „Die ewige Initiative des Vaters also, die den der Menschheit in Christus offenbarten und verwirklichten Heilsplan fasst, bildet das Fundament des Geheimnisses der Kirche."[112] Von diesem Erlösungsplan des Vaters wird in den konziliären Dokumenten auf verschiedene Weise berichtet. Seinen

[108] Vgl. Philips (1966), S. 142.
[109] Kehl (1992), S. 66.
[110] Ebd., S. 66.
[111] Vgl. Schütte (1991), S. 29f.
[112] Johannes Paul II., Katechese, OR vom 06.12.1991 (Nr. 49).

übernatürlichen Heilsweg hat er von Anfang an den Stammeltern (vgl. DV 3), später den Propheten und zuletzt durch seinen Sohn kundgetan (vgl. DV 4, LG 3, LG 17). Nachdem die Menschen in Adam gefallen waren, hat er sie nie verlassen; vielmehr beschloss er, sie in der heiligen Kirche zusammenzurufen (vgl. LG 2), die das „Geheimnis der Liebe Gottes zu den Menschen zugleich offenbart und verwirklicht" (GS 45). Gemäß dem Willen und dem Plan des Vaters ist diese Kirche missionarisch (vgl. AG 2, AG 9), denn in ihr und durch sie möchte Gott alle Menschen zum Heil führen (AG 13, AA2, NA 4). Da nirgends ein Beleg dafür gefunden werden kann, dass der Plan des ewigen Vaters mehrere sogar völlig gegensätzliche ‚Kirchen' vorsieht, kann festgestellt werden, dass nur eine einzige Kirche im Erlösungsplan des Vaters[113] ihren ersten und tiefsten Ursprung hat.

2. Die Gründung durch Jesus Christus

Das Zweite Vatikanische Konzil verwendet neben dem Ausdruck ‚Kirche Gottes' auch den Namen ‚Kirche Christi', denn „das Geheimnis der heiligen Kirche wird in ihrer Gründung offenbar. Denn der Herr machte den Anfang seiner Kirche, indem er die frohe Botschaft verkündigte" (LG 5). Nach AG 5 ist die Bestellung der zwölf Apostel ein Charakteristikum für die Gründung der „einen und einzigen Kirche" (UR 1). Von Jesus Christus als dem „Stifter" oder „Gründer" seiner Kirche ist beispielsweise in LG 5, AG 1, GS 3, GE 1 die Rede. Darüber hinaus wird in LG 14, GS 40, GS 76, IM 3, SC 5, DH 13, AG 7 oder AG 13 die Gründung der Kirche durch Jesus Christus, den Erlöser, als heilsnotwendig dargestellt. Durch die eine und einzige Kirchengründung hat Jesus Christus auch eine sichtbare gesellschaftliche Verfassung und Struktur ins Leben gerufen (GS 44) und sie mit „geeigneten Mitteln sichtbarer und gesellschaftlicher Einheit ausgerüstet" (GS 40). Nach IM 3 ist die vom Herrn gegründete Kirche die katholische Kirche.

---

[113] Vgl. Enchiridion Vaticanum (1993), S. 75f.

3. Die Besiegelung durch den Heiligen Geist

„Am Pfingsttage jedoch ist der Heilige Geist auf die Jünger herabgekommen, um auf immer bei ihnen zu bleiben. Die Kirche wurde vor der Menge öffentlich bekanntgemacht (...)“ (AG 4). Durch die Geistsendung wurde also die Kirche in der Welt offenbar (vgl. SC 6, UR 2). „Der Heilige Geist setzte so den Anfang zur Sendung der Kirche, die für alle Menschen errichtet worden ist. (...) Es handelt sich um ein inneres Heilswirken, das zugleich äußerlich zum Ausdruck kommt durch das Entstehen der Gemeinschaft und Institution des Heils.“[114] Selbst wenn man vom Heiligen Geist zu wissen glaubt, dass er wirken kann, wo er will, ist es dennoch ein Faktum, dass er am Pfingsttag konkret auf die eine und einzige damals noch sehr junge Kirche Christi herabkam und vom Herrn dieser seiner einen und alleinigen Kirche verheißen ist bis ans Ende der Zeiten (vgl. Joh 14,16.26; 15,26; 16,7-14).

Der Ursprung in Gott Vater, die Gründung durch Jesus Christus sowie die Besiegelung durch den Heiligen Geist müssen in engstem Zusammenhang gesehen und dürfen nicht voneinander getrennt werden, vielmehr ist der Ursprung der einen und einzigen Kirche trinitarisch begründet. Der Katholische Erwachsenenkatechismus (1985) sagt unter Berufung auf das Zweite Vatikanische Konzil, man könne auch „von einer gestuften Kirchengründung sprechen: vorausbedeutet seit Anbeginn der Welt, vorbereitet durch die Geschichte des alten Bundesvolkes, grundgelegt durch das Wirken des irdischen Jesus, verwirklicht durch Kreuz und Auferstehung Jesu, geoffenbart durch die Ausgießung des Heiligen Geistes (vgl. LG 5)“[115].

III. Die Einzigartigkeit der einen Kirche in ihrem Verhältnis zu Gott Vater

Die Bezeichnung „Kirche Gottes“ kommt an zahlreichen Konzilsstellen vor, z.B. in UR 15, LG 41, AG 39 oder LG 28. PO 16 spricht von „seiner Kirche“ und UR 3 lässt erkennen, dass es nur eine einzige Kirche Gottes gibt. AG 39 und LG 28 geben Aufschluss über die Herkunft des Ausdrucks „Kirche

[114] Johannes Paul II., Katechese, OR vom 11.10.1991 (Nr. 41).

[115] Deutsche Bischofskonferenz (Hrsg.): Katholischer Erwachsenenkatechismus (1985), S. 259f.

Gottes"; er ist biblischen Ursprungs und lässt sich beispielsweise in 1 Kor 10,32-33; 1 Kor 1,2 oder 2 Kor 1,1 nachweisen. Freilich könnte mit der Genitiv-Form ‚Gottes' auch Gott Sohn gemeint sein, aber dennoch ist es denkbar[116], dass hiermit Gott Vater bezeichnet werden soll.

Die Ausdrücke ‚Volk Gottes' bzw. ‚Gottesvolk' sind ebenfalls häufig in den Texten des Zweiten Vatikanums zu finden. So ist in GS 45 und GS 68 vom „pilgernden Gottesvolk" die Rede. Vom „Gottesvolk" bzw. vom „heiligen Gottesvolk" sprechen ferner SC 41, PO 12, LG 17, CD 11 und AG 35. Der Terminus „Volk Gottes" ist belegbar u.a. in PO 1, LG 31, NA 4, AA 2, PO 5 und PO 18. Dass mit „Volk Gottes" auch das Volk des himmlischen Vaters gemeint sein kann, lässt sich schon bei einigen Kirchenvätern nachweisen[117]. Um vorab ein Missverständnis erst gar nicht aufkommen zu lassen; die Kirche und das Reich Gottes werden nicht in der Weise gleichgesetzt, als wäre die Kirche identisch mit dem bereits vollendeten himmlischen Reich Gottes[118]. Die Kirche verkündet vielmehr dieses „eschatologische Reich, jedoch zuallererst durch ihr Wesen selbst, denn sie ist dessen Beginn"[119]. Aber bei aller klaren Unterscheidung zwischen der Kirche einerseits und dem Reich Gottes andererseits bleiben beide doch untrennbar miteinander verbunden[120]. Von diesem Reich Gottes, das seinem Wesen nach, wenn auch nur keimhaft, schon unter uns gegenwärtig ist (vgl. LG 5, LG 9, PO 2, GS 39, UR 4, AG 9), sagte Papst Johannes XXIII. in einer Radiobotschaft folgendes: „Das Reich Gottes bedeutet und ist in Wirklichkeit die Kirche Christi: die eine, heilige, katholische, apostolische, welche Jesus, das Wort des Vaters, das Mensch geworden ist, gegründet hat und seit 20 Jahrhunderten bewahrt"[121]. Die Kirche ist Gottes alleinige Herde (UR 2) und der „Schafstall, dessen einzige und notwendige Tür Christus ist. Sie ist auch die Herde, als deren künftigen Hirten Gott sich selbst vorherverkündigt hat" (LG 6). Die Bischöfe sollen die Herde Gottes unter der Autorität des Papstes

---

[116] Vgl. Schütte (1991), S. 29f.

[117] Vgl. ebd., S. 31.

[118] Vgl. bereits oben genannten zweiten Grund für den Wechsel von ‚est' zu ‚subsistit in'.

[119] Schillebeckx (1990), S. 244; vgl. Kreider (1966), S. 31; vgl. Volk (1965), S. 263.

[120] Vgl. Verlautbarungen des Apostolischen Stuhls (100), Nr. 18.

[121] Eigene Übersetzung, Enchiridion Vaticanum (1993), S. 25: „Regnum Dei significa ed è in realtà la ecclesia Christi: una, sancta, catholica, apostolica, quale Gesù, il Verbo di Dio fatto uomo, l'ha fondata, da venti secoli la conserva (...).".

leiten (vgl. CD 3), weshalb sie als hierarchisches Gefüge unabdingbar zum Wesen der Kirche gehören. Von der Kirche als einzige Familie Gottes ist in den Artikeln 40, 42 und 43 der Pastoralkonstitution ‚Gaudium et Spes' die Rede, ebenso in LG 6, LG 28, LG 32, PO 6 und UR 2. Analog zur menschlichen Familie sind auch in der Kirche die eigentlichen ‚Mitglieder und Angehörigen' von den ‚Verwandten und Bekannten' zu unterscheiden. Weil Gott aber der einzige Familienvater der Kirche ist, gibt es auch nur eine einzige, wenn auch zahlenmäßig sehr große Familie Gottes, deren Voraussetzungen zur Eingliederung, nachfolgend in Bezug auf römisch-katholische Christen und unierten Ostchristen, genannt werden. Nichtkatholiken und alle Menschen überhaupt sind zwar mit der einzigen Familie Gottes verwandt oder sozusagen ‚bekannt', gehören ihr aber nicht direkt an. Im dritten Kapitel des ersten Briefs des Apostel Paulus an die Korinther wird in einer Metapher von der Kirche, genauer von den Gliedern der Kirche, gesprochen (vgl. 1 Kor 3). Diese Bilder vom Bauwerk Gottes, dessen Fundament Christus ist, auf den die Apostel die Kirche erbauen, sowie von der Pflanzung und dem Acker Gottes werden in LG 6 auf die Kirche übertragen. Sowohl das Bauwerk und die Pflanzung als auch der Acker Gottes sind jeweils ein einheitliches Gebilde, dessen einzelne Bestandteile miteinander harmonisieren und zusammengehören. Abspaltungen, Trennungen und grundlegende Dissonanzen sind demnach nicht vereinbar mit einem einheitlichen Ganzen, dessen Einzigartigkeit göttlichen Ursprungs ist.

IV. Die Einzigartigkeit der einen Kirche in ihrem Verhältnis zu Jesus Christus

Die Bezeichnung „Kirche Christi'" ist im Sprachgebrauch des Konzils weitverbreitet und findet sich u.a. in UR 2, GS 37, GS 82, LG 26, OE 5, CD 6 und in AG 1, wo ausdrücklich von der einzigen Kirche Christi die Rede ist. In diesem Zusammenhang muss auch betont werden, dass Jesus Christus untrennbar mit seiner Kirche verbunden ist, weshalb man auf keinen Fall „Ja zu Christus und Nein zur Kirche" sagen kann, denn „die Treue zu Christus kann ja von der Treue zur Kirche nicht getrennt werden" (PO 14). Zahlreiche

Textbelege lassen sich für diese wesenhafte Verbundenheit anführen, beispielsweise in PO 22, LG 1, SC 33, AG 8, AA 13, AA 29 oder LG 46. Aus diesem engen Verhältnis lässt sich schließen, dass es auch nur eine einzige wahre Kirche geben kann, denn es gibt nach katholischem Glauben auch nur einen wahren Sohn Gottes: Jesus Christus, „aus dessen Seite (...) das wunderbare Geheimnis der ganzen Kirche hervorgegangen ist" (SC 5). Christus hat seine Kirche geliebt und sich für sie hingegeben (vgl. GS 48), deshalb ist er auch immerdar in ihr gegenwärtig, besonders in den ihr eigenen liturgischen Handlungen (vgl. SC 7). Die Kirche ist gemäß der Lehre des Zweiten Vatikanischen Konzils gleichzusetzen mit dem Leib Christi, was durch vorliegende Arbeit bekräftigt wird, wenngleich aber die bleibende tiefe Verbindung zwischen Christus und der Kirche nicht „zu der irrigen Auffassung einer Identifizierung von Christus und Kirche oder deren Parallelisierung führen"[122] darf. Jenseits einer solchen Vorstellung taucht in den verschiedenen Dekreten und Konstitutionen die Formulierung „Leib Christi, der die Kirche *ist*" (AA 2, SC 7, LG 7,LG 14, LG 49, PO 12, GS 32 u.a.) auf. Die Priester, beispielsweise, sollen durch die Verkündigung des Evangeliums und ihren Hirtendienst zum geistlichen Wachstum des Leibes Christi beitragen (vgl. PO 6, PO 12, AG 5) und alle Katholiken werden durch das Konzil aufgerufen, nach christlicher Vollkommenheit zu streben und dadurch den Leib Christi täglich zu erneuern (vgl. UR 4); für seinen Leib, die Kirche, sollen alle Glieder in ihrem Fleisch ergänzen, was an den Leiden Christi noch fehlt (vgl. LG 49). Für den Dienst am Aufbau des Leibes Christi haben die zahlreichen Ordensgemeinschaften eine besondere Bedeutung (PC 1). An verschiedenen Stellen spricht das Konzil auch vom „mystischen Leib Christi" (z.B. in OE 2, LG 8); darüber hinaus ist Christus auch das Haupt des Leibes, als solches verfügt er über die Dienstgaben (vgl. LG 7) und hält den ganzen Leib zusammen (vgl. AG 5). Im Dekret über die katholischen Ostkirchen sagt das Konzil, dass „die heilige katholische Kirche der mystische Leib Christi ist" (OE 2). Ferner gilt, dass nicht nur „Corpus Christi und die sichtbare Kirche in eines zusammenwachsen"[123] oder nicht voneinander zu trennen sind,

---

[122] Schütte (1991), S. 35.

[123] Vgl. AS II/2, 134 (Kard. L. Rugambura): "Maior pars articuli (linn. 5-25) consecratur ad affirmandum quod Corpus Christi et Ecclesia visibilis (scil. Institutio) in unum coalescunt (...).”; eigene Übersetzung: "Der größere Teil der Artikel ist gewidmet, um bejahend festzustellen, das Corpus Christi und die sichtbare Kirche (d.h. die Institution) in eines zusammenwachsen (...).".

sondern dass auch sowohl die „irdische und die himmlische Kirche (...) einen einzigen Mystischen Leib Christi bildet“[124]. „Die Kirche als der Leib Christi ist als solche nicht geteilt. Es gibt im Gegenteil immer den ungeteilten Leib Christi. Die gegenteilige Annahme wäre von der Leib Christi-Vorstellung her unvollziehbar. Ein gespaltener Leib wäre als solcher nicht lebensfähig.“[125] Gemäß dem biblischen Zeugnis[126] schildert das Konzil die Kirche als die geliebte Braut Christi, einem weiteren Bild, mit dem das innerste Wesen der Kirche ausgedrückt werden soll (LG 6). Als Bräutigam (vgl. GS 48) hat sich Christus hingegeben an seine Braut, die Kirche (vgl. u.a. LG 7, LG 39, LG 44, SC 7, PO 16, PC 12, DV 23). Das Sakrament der Ehe soll ein lebendiges Abbild für diesen Bund Christi mit seiner Kirche sein (OT 10). Das Brautgeschenk ist nach SC 47 die Gedächtnisfeier seines Todes und seiner Auferstehung, die der Erlöser seiner Braut beim letzten Abendmahl anvertraut hat. Seitdem ist „die Kirche in der Kraft des Heiligen Geistes die treue Braut des Herrn geblieben und hat niemals aufgehört, das Zeichen des Heils in der Welt zu sein“ (GS 43). Als „makellose Braut des makellosen Lammes“ (LG 6) ist die Kirche die einzige und treue Braut Christi (vgl. LG 64). „Die Kirche, das heißt das im Mysterium schon gegenwärtige Reich Christi, wächst durch die Kraft Gottes sichtbar in der Welt“ (LG 3). Die Kirche ist zwar nicht gleichzusetzen mit dem eschatologischen Reich Christi, aber es ist keimhaft schon gegenwärtig, damit also ontologisch präsent und im Wachsen begriffen (vgl. LG 35, LG 13, AA 2, AA 4). Wenn die Kirche als Familie (vgl. AG 1, AG 14) und Herde Christi (vgl. LG 6) bezeichnet wird, so versteht sich von selbst, dass es nur eine einzige Familie bzw. Herde geben kann, denn eine intakte Familie ist nicht gespalten und eine wahre Herde hört einmütig auf die Stimme des einen Hirten. Diese Herde zu weiden hat unser Erlöser nach seiner Auferstehung dem Petrus übertragen, ihm und den übrigen Aposteln hat er ihre Leitung und Ausbreitung anvertraut (vgl. LG 8, LG 18, LG 19, LG 22, UR 2, CD 2, AA 2). Die Kirche, die sein Leib und seine Fülle ist, soll sich auf der ganzen Erde ausbreiten (vgl. LG 7, AG 9, AG 36, SC 2); zu diesem Zweck hat Christus die Kirche „mit der Fülle der Heilsgüter und -mittel ausgestattet“[127]. Die katholische Kirche hat diese qualitative Fülle Christi in

---

[124] Wiltgen (1988), S. 157.

[125] Scheffczyk (1993), S. 144.

[126] Vgl. Schütte (1991), S. 38.

[127] Verlautbarungen des Apostolischen Stuhls (100), Nr. 18.

sich und hat „sie nicht außer sich zu suchen oder durch Zuwachs von außen her zu erwarten“[128]. Das sieht auch das Ökumenische Direktorium aus dem Jahr 1993 so, wenn es dort heißt, dass „in der Tat die Fülle der Einheit der Kirche Christi in der katholischen Kirche bewahrt worden ist“[129]. Wesentliche Mittel der Wahrheit und Heiligung, die der katholischen Kirche zu eigen sind, sollen in Kapitel VIII. (Bedeutsame Mittel der Heiligung und der Wahrheit als Ausdrucksformen der wahren Kirche(...)) systematisch behandelt werden.

V. Die Einzigartigkeit der einen Kirche in ihrem Verhältnis zum Heiligen Geist

Der Heilige Geist wohnt in der Kirche und in den Herzen der Gläubigen wie in einem Tempel (vgl. LG 4, LG 9, UR 2), weshalb die Kirche auch „Tempel des Heiligen Geistes“ genannt wird (z.B. in LG 17, AG 7 oder PO 1). Würde man das altertümliche Wort ‚Tempel' durch das Wort ‚Kirche' ersetzen, könnte man, ebenso wie man von der ‚Kirche Gottes' und der ‚Kirche Christi' spricht, auch von der ‚Kirche des Heiligen Geistes' sprechen. Diese Aussagen über das Verhältnis des Heiligen Geistes zur Kirche bestehen freilich nicht erst seit dem Zweiten Vatikanischen Konzil, sondern sind schon in der Heiligen Schrift und bei den Kirchenvätern grundgelegt[130].

Die Kirche ist „belebt vom Heiligen Geist“[131]. Der Heilige Geist besitzt nach den Worten des Zweiten Vatikanischen Konzils „unbegrenzte Macht in der Kirche“ (LG 4), „er ist gesandt, auf dass er die Kirche immerfort heilige“ (LG 4), er treibt die Kirche an und leitet sie (vgl. PC 2). Er eint die katholischen Gläubigen „durch denselben Glauben, dieselben Sakramente und dieselbe oberhirtliche Führung“ (OE 2) und „der eine Geist ist es, der seine vielfältigen

---

[128] Balthasar (1977), S. 152.

[129] Verlautbarungen des Apostolischen Stuhls (110), Nr. 18.

[130] Vgl. Schütte (1991), S. 39ff.; unter Bezugnahme auf R. Schnackenburg: Die Kirche im Neuen Testament, Freiburg 1961, S. 113 u. 142; unter Bezugnahme auf A. Kallis: Um den Bischof im Heiligen Geist versammelte Gemeinde. W. Sanders (Hrsg.): Bischofsamt der Einheit; München 1983, S. 62f.; unter Bezugnahme auf O. Michel: Der Brief an die Römer, Göttingen 1963, S. 890.

[131] Eigene Übersetzung, vgl. Enchiridion Vaticanum (1993), S. 80: „La chiesa vivificata dallo Spirito“.

Gaben gemäß seinem Reichtum und den Erfordernissen der Dienste zum Nutzen der Kirche austeilt (vgl. 1 Kor 12,1-11)" (LG 7). Auch die Bischöfe sind nach CD 2 und AA 23 vom Heiligen Geist eingesetzt[132]. Über das lebendige Wirken des Heiligen Geistes in der Kirche berichten u.a. CD 1, CD 11, PO 18, PO 22, DV 11, DV 18, DV 23, LG 22, LG 25, LG 43, GS 3 und GS 21. „Christus hat vom Vater her den Heiligen Geist gesandt, der sein Heilswerk von innen her wirken und die Kirche zu ihrer eigenen Ausbreitung bewegen soll" (AG 4). Die Kirche ist „in der Kraft des Heiligen Geistes die treue Braut des Herrn geblieben" (GS 43) und wird durch alle Zeiten hindurch von ihm geeint „in Gemeinschaft und Dienstleistung und ausgestattet mit den verschiedenen hierarchischen und charismatischen Gaben, wobei er die kirchlichen Einrichtungen gleichsam als Seele belebt" (AG 4).

Nun soll „die Kirche und der Geist der Wahrheit"[133] näher betrachtet werden. Der von Christus verheißene Heilige Geist belehrt[134] die Kirche zu einem immer tieferen Verständnis der Heiligen Überlieferung (DV 8, DV 10) und der Heiligen Schrift (vgl. DV 23). Dem Papst als obersten Hirten und Lehrer der Gesamtkirche ist das Charisma der Unfehlbarkeit gegeben, wenn er „eine Glaubens- oder Sittenlehre in einem endgültigen Akt verkündet. Daher heißen seine Definitionen mit Recht aus sich und nicht erst aufgrund der Zustimmung der Kirche unanfechtbar, da sie ja unter dem Beistand des Heiligen Geistes vorgebracht sind, der ihm im heiligen Petrus verheißen wurde" (LG 25) und „dabei bewahrt der Heilige Geist die von Christus dem Herrn in seiner Kirche gesetzte Form der Leitung ohne Minderung" (LG 27, vgl. LG 64). Weitere Aussagen über den Geist der Wahrheit in der Kirche finden sich in DV 8 und LG 21, wo es um das Bischofsamt geht und in LG 12, wo vom Heiligen Geist im Zusammenhang mit der Infallibilität der Gesamtheit aller Gläubigen die Rede ist. Jesus Christus hat die eine und einzige Kirche „reich beschenkt mit der Gabe des Heiligen Geistes zur Ehre Gottes" (LG 39) und führt sie durch ihn immer tiefer ein in die Wahrheit der Offenbarung über Gott und das Heil des Menschen (vgl. DV 2). Nachdem die Kirche in ihrem jeweiligen Verhältnis zu Gott Vater, Sohn und Heiligem Geist dargestellt wurde, soll sie nun im Geheimnis der Heiligsten Dreieinigkeit betrachtet

---

[132] Vgl. Schütte (1991), S. 42.

[133] Eigene Übersetzung, vgl. Enchiridion Vaticanum (1993), S. 81: „La chiesa e lo Spirito di verità".

[134] Vgl. Schütte (1991), S. 43.

werden. Weil mit der Aussage „Haec Ecclesia (...) subsistit in Ecclesia catholica“ (LG 8) und deren Verständnis tiefer in das Geheimnis der Kirche vorgedrungen werden soll, das mitunter im Geheimnis der göttlichen Dreieinigkeit zu sehen ist, kann der subsistit-Satz auch hinsichtlich des trinitarischen Geheimnisses gedeutet werden. Vorher ist es aber notwendig, den Begriff „katholisch“ zu untersuchen, denn in der zu interpretierenden Aussage befindet sich einerseits die Bezeichnung „Haec Ecclesia“, womit die eine Kirche Christi gemeint ist und andererseits die Bezeichnung „Ecclesia catholica“, wobei gefragt werden muss nach dem Bedeutungsgehalt des Wortes „catholica“.

VI. Was versteht das Zweite Vatikanum unter ‚Katholizität'?

Die aus dem Griechischen stammende Bezeichnung ‚katholisch' (καθολικόσ) bedeutet ‚ganz', ‚allumfassend' und ‚universal'[135]. Y. Congar gebraucht die Wörter ‚katholisch', ‚universal' und ‚römisch' synonym[136]. Nach dem Sprachgebrauch des Zweiten Vatikanischen Konzils ist die ‚katholische' Kirche die „ganze“ (z.B. in OE 5, PO 10, SC 111, UR 5), die „universale“ (z.B. in GS 42, GS 58, AG 26, LG 9, LG 13) oder die „allumfassende Kirche“ (z.B. in LG 2, LG 48, GS 45, AG 1). Was ist aber konkret mit diesen Adjektiven gemeint, welchen Inhalt umfassen sie? Im Folgenden soll eine kurze, jedoch keineswegs vollständige Übersicht über verschiedene Bedeutungsgehalte des Wortes ‚katholisch' erstellt werden. Nach W. Beinert[137] lässt sich die Katholizität der Kirche in eine „äußere“ und in eine „innere“ unterscheiden.

Die „äußere“ umfasst alle Völker und Zeiten und kann als „extensive Katholizität“ bezeichnet werden; darunter subsumiert Beinert vier Bedeutungsgehalte: die „sakramentale Verwirklichung der Katholizität“, die „Katholizität der Werte“, die „Katholizität des Raumes und der Zahl“ und die „Katholizität der Zeit“.

---

[135] Vgl. Schütte (1991), S. 109.

[136] Vgl. Congar (1986), S. 55f.; unter Bezugnahme auf Boetius: De Trinitate, cap. 1 (PL 64, 1249).

[137] Vgl. Beinert, II (1964), S. 477-530.

Die „innere" repräsentiert die Fülle und kann als „intensive Katholizität" bezeichnet werden; darunter subsumiert Beinert ebenfalls vier Bedeutungsgehalte: die „Fülle der Gnaden und der Struktur der Kirche", die „vielfarbige Gnade Gottes", die „Fülle der Wahrheit" und die „Fülle der heiligsten Dreieinigkeit". Wenngleich ich für diese Bedeutungsgehalte andere Termini wählen möchte, korrelieren diese durchaus mit den auf Beinert zurückgehenden Bezeichnungen. Die Zweiteilung in „extensive" und „intensive" Katholizität erscheint mir sinnvoll, weil auch die Kirche einerseits äußerlich (Struktur in Raum, Zahl und Zeit), andererseits innerlich (Mysterium, Gnaden, Wahrheit) geordnet ist.

1. ‚Katholizität der Zeit' als Begriff für ‚zeitliche Spannweite'[138]

Die Kirche umfasst im Grunde genommen die gesamte Geschichte[139], denn sie war „seit dem Anfang der Welt vorausbedeutet, im Alten Bund (...) vorbereitet, in den letzten Zeiten gestiftet, durch die Ausgießung des Heiligen Geistes offenbart und am Ende der Weltzeiten wird sie in Herrlichkeit vollendet werden" (LG 2). „Hervorgegangen aus der Liebe des ewigen Vaters, in der Zeit gestiftet von Christus dem Erlöser, geeint im Heiligen Geist, hat die Kirche das endzeitliche Heil zum Ziel" (GS 40). Auch in NA 4, AG 4, AG 36, LG 33, LG 48 und DV 20 finden sich Hinweise für den zeitlichen Bedeutungsgehalt von ‚Katholizität', die die Zeit und die Geschichte umfasst, in der sich die (Prä-)Existenz und das Leben der Kirche konkretisiert.

---

[138] Vgl. W. Beinerts Bezeichnung ‚Katholizität der Zeit'.

[139] Vgl. Kasper (1965), S. 55; Galli (1964), S. 27; Beinert (1986), S. 28f.; Ratzinger (1987), S. 18f.; Wiltgen (1988), S. 157; Johannes Paul II., Katechese, OR vom 04.10.1991 (Nr. 40); Schütte (1991), S. 125f.; unter Bezugnahme auf R. Schnackenburg: Die Kirche im Neuen Testament, S. 165f.; Kehl (1992), S. 420f.

2. ‚Katholizität' als Begriff für das Verhältnis von Gesamtkirche, Teilkirche (Ritus) und Pfarrei[140]

Die Kirche wird schon in der Patristik als eine Ganzheit betrachtet, die sich aus ihren Teilen, d.h. aus den Ortsgemeinden, zusammensetzt[141]. „Nach Cyrill von Jerusalem ist die Kirche katholisch, weil sie über die ganze Erde hin verbreitet ist (...) (Procat. 13)."[142] Nach dem Zweiten Vatikanum belegt die einträchtige Vielfalt der Ortskirchen die Katholizität der ungeteilten Kirche (vgl. LG 23). Die Diözese als Teilkirche ist einerseits ein Element des ganzen Gottesvolkes, andererseits ist in ihr die eine, heilige katholische und apostolische Kirche wahrhaft gegenwärtig (vgl. CD 6, CD 11, LG 26, OT 20, PO 6). Auch in den Pfarreien, welche die über die Erde verbreitete Kirche darstellen (vgl. SC 42), ist Christus gegenwärtig, „durch dessen Kraft die eine, heilige, katholische und apostolische Kirche geeint wird" (LG 27). ‚Katholisch' bedeutet in diesem Zusammenhang also das Miteinander und Ineinander von Gesamtkirche, Teilkirche bzw. Ritus und Pfarrei. Wenn das Konzil die Ausdrücke „ganze Kirche" oder „Gesamtkirche" gebraucht, dann im Sinne der Summe aller Ortskirchen, d.h. in der Regel aller Diözesen (vgl. LG 23), denn „jede Teilkirche lebt aus der Gesamtkirche, die die fundamentale Wirklichkeit der Kirche ist"[143].

3. ‚Katholizität' im Zusammenhang mit der Kirche als „allumfassendem Sakrament des Heils" und ihrer Mission[144]

Wenn das Konzil die Kirche als „allumfassendes Sakrament des Heils" betrachtet (vgl. GS 45, AG 1, UR 3), dann sieht es sich dem Auftrag des Herrn verpflichtet, diese Kirche auf der ganzen Erde auszubreiten und numerisch zu immer größerer Fülle gelangen zu lassen (vgl. IM 3, DH 1, LG 1, LG 7, LG 13, LG 17, LG 19, LG 36, LG 48, AA 2, AA 5, AA 6, AG 5, AG 6,

---

[140] Vgl. W. Beinerts Bezeichnung ‚Die Katholizität des Raumes und der Zahl'.

[141] Vgl. Beinert, I (1964), S. 37.

[142] Schütte (1991), S. 110.

[143] Johannes Paul II., Katechese, OR vom 06.11.1992 (Nr. 45); vgl. auch: CIC/1983, c. 368.

[144] Vgl. W. Beinerts Bezeichnung ‚Die Katholizität des Raumes und der Zahl'.

AG 10, GS 40, NA 4, GE 1). Demnach ist die numerische Fülle der Kirche auch ein in den Konzilstexten implizit enthaltener Bedeutungsgehalt des Wortes ‚katholisch'.

4. ‚Katholizität' als Begriff für die Einheit von pilgernder und himmlischer Kirche[145]

In der Relatio generalis zum 1. Kapitel (Art. 8) „De Ecclesia visibili simul ac spirituali" während der dritten Konzilsperiode wird darauf hingewiesen, dass es „nicht zwei Kirchen gibt, sondern nur eine, welche zugleich himmlisch und irdisch ist"[146]. „Die zugrundliegende Lehre ist, dass die irdische und die himmlische Kirche ein einziges Volk Gottes und einen einzigen Mystischen Leib Christi bildet."[147] Von dieser Einheit zwischen pilgernder und himmlischer Kirche spricht die Dogmatische Konstitution über die Kirche ausdrücklich im 48. Kapitel, ferner findet man diesbezüglich Aussagen in LG 6, LG 50 und LG 69. ‚Katholizität' bedeutet in diesem Sinne, dass sowohl die pilgernde Kirche auf Erden, als auch die leidende Kirche im Fegefeuer wie die triumphierende Kirche im Himmel wahrhaft und eigentlich die eine und einzige „allumfassende" Kirche darstellen[148].

5. ‚Katholizität' als Begriff für die Fülle der Heilsmittel[149]

Nach W. Beinert[150] heißt καθολικόσ gemäß seiner etymologischen Bedeutung so viel wie „Beziehung auf das Ganze habend", „vom Ganzen her", „vollständig", „in Fülle und Harmonie bestehend" oder „alle Fülle umfassend".

---

[145] Vgl. W. Beinerts Bezeichnung ‚Die Fülle der Gnaden und die Struktur der Kirche'.

[146] Eigene Übersetzung, AS III/1, 180 (Relatio generalis): „Non duae Ecclesiae sunt, sed una tantum, quae caelestis simul et terrestris (...).".

[147] Wiltgen (1988), S. 157.

[148] Vgl. Ott (1981), S. 378-389.

[149] Vgl. W. Beinerts Bezeichnungen ‚Die vielfarbige Gnade Gottes' bzw. ‚Die Fülle der Wahrheit'.

[150] Vgl. Beinert, I (1964), S. 24 u. 30.

„Die Catholica ist die Fülle Christi“[151] und hat diese in sich, braucht sie also nicht von außerhalb zu erwarten[152], als ob die katholische Kirche erst durch andere christliche Gemeinschaften zur qualitativen Fülle gelangen würde[153]. „Nach Cyrill von Jerusalem ist die Kirche katholisch (...), weil sie allumfassend alle Glaubenswahrheiten verkündigt (...) (Procat. 13).“[154] ‚Katholisch' meint in der Patristik die „Fülle und Allumfassendheit der wahren Kirche“[155]. Das Zweite Vatikanische Konzil nimmt dieses Gedankengut auf, wenn es im Zusammenhang der ‚Katholizität' von der Kirche als „allumfassendem Sakrament des Heiles“ spricht. Denn „nur durch die katholische Kirche Christi, die das allgemeine Hilfsmittel des Heiles ist, kann man Zutritt zu der ganzen Fülle der Heilsmittel haben. Denn einzig dem Apostelkollegium, an dessen Spitze Petrus steht, hat der Herr, so glauben wir, alle Güter des Neuen Bundes anvertraut, um den einen Leib Christi auf Erden zu konstituieren, welchem alle völlig eingegliedert werden müssen, die schon auf irgendeine Weise zum Volk Gottes gehören“ (UR 3).

6. ‚Katholizität' als Begriff für die ‚trinitarisch geeinte Kirche'[156]

Die Katholizität der Kirche steht in engstem Zusammenhang mit dem Geheimnis der Dreieinigkeit[157] und ist „gewirkt und geprägt von der trinitarischen Lebensfülle“[158]. Demgemäß gliedert sich die Kirchenkonstitution ‚Lumen Gentium' beispielsweise im ersten Kapitel gewissermaßen ‚trinitarisch'; der 2. Artikel behandelt den Heilsratschluss des ewigen Vaters, im 3. Artikel geht es um die Sendung und das Amt des Sohnes während der 4. Artikel den Blick auf den Heiligen Geist lenkt[159]. Fügt man die einzelnen

---

[151] Balthasar (1977), S. 152.
[152] Vgl. Klein (1986), S. 408.
[153] Vgl. Beinert, I (1964), S. 306f.; unter Bezugnahme auf P. Brunner: Katholische Reform, S. 122.
[154] Schütte (1991), S. 110.
[155] Beinert, I (1964), S. 38.
[156] Vgl. W. Beinerts Bezeichnung ‚Die Fülle der heiligsten Dreieinigkeit' im Zusammenhang mit ‚intensiver Katholizität'.
[157] Vgl. Schütte (1991), S. 110.
[158] Beinert, II (1964), S. 477f.
[159] Vgl. Lauter (1989), S. 329.

Zuständigkeiten und Eigentümlichkeiten („Proprietäten") des Vaters, des Sohnes und des Heiligen Geistes in ihrem jeweils spezifischen Verhältnis zu der einen und einzigen Kirche zusammen, so „erscheint die Kirche als ‚das von der Einheit des Vaters und des Sohnes und des Heiligen Geistes her geeinte Volk'" (LG 4). In dieser Einheit spiegelt sich im wahrsten Sinne des Wortes die Allumfasstheit (= Katholizität) der Kirche wider. An verschiedenen Stellen der Konzilstexte findet man dieses Verständnis des Begriffes ‚katholisch' ausgedrückt, wenn es beispielsweise heißt, dass die Kirche „aus der Liebe des Vaters hervorgegangen, von Christus gestiftet und vom Heiligen Geist geeint ist" (GS 40) oder in der kurzen Formulierung, dass „Christus vom Vater her den Heiligen Geist gesandt hat zur Ausbreitung der Kirche" (AG 4). Volk Gottes, Leib Christi und Tempel des Heiligen Geistes werden z.B. in PO 1, AG 7 oder LG 17 in einem Satz genannt und immer ist die eine und selbe Wirklichkeit gemeint: die eine und einzige Kirche. Weitere Belegstellen für dieses ‚trinitarische Verständnis' des Begriffes ‚katholisch' finden sich u.a. in LG 2, GS 21, UR 24 und AG 2.

Wenn soeben einige Bedeutungsgehalte des Begriffes ‚katholisch' aufgeführt worden sind, dann hatte dies einen zweifachen Sinn. Erstens sollte aufgezeigt werden, dass das Wort ‚katholisch', das von Beinert in einer „extensiven" und einer „intensiven" Form unterschieden wird, auch nach den Aussagen des Zweiten Vatikanischen Konzils wenigstens implizit mehrere Bedeutungsgehalte aufweisen kann, wobei die, wie zuvor genannt, die Katholizität als Begriff für die trinitarisch geeinte Kirche genannte Bedeutung dazu beiträgt, den begonnenen ‚Trinitarischen Interpretationsversuch' von „Haec Ecclesia (...) subsistit in Ecclesia catholica" (LG 8) im Folgenden weiter zu führen. Zweitens sollte damit näher definiert und konkretisiert werden, wie das Konzil den Begriff ‚katholisch' versteht, was für das Thema dieser Arbeit von Wichtigkeit ist, gerade wenn es im zweiten Teil um das theologisch-dogmatische Verhältnis der anderen ‚Kirchen und kirchlichen Gemeinschaften' zur katholischen Kirche geht.

VII. Das Verständnis von „Haec Ecclesia (...) subsistit in Ecclesia catholica“ (LG 8) im Geheimnis der ‚trinitarisch geeinten Kirche‘

Nachdem die ‚Proprietäten‘ der göttlichen Personen Gott Vater, Sohn und Heiliger Geist sowohl hinsichtlich des Ursprungs der Kirche als auch hinsichtlich ihres jeweils spezifischen Verhältnisses zu derselben einen und einzigen Kirche weitgehend anhand der dafür relevanten ekklesiologischen Konzilsaussagen selbst dargelegt wurden und nachdem der Begriff ‚katholisch‘, vor allem in der aufgeführten ‚trinitarischen Bedeutung‘, konkretisiert wurde, soll nun das Verständnis von „Haec Ecclesia (...) subsistit in Ecclesia catholica“ (LG 8) im Geheimnis der trinitarisch geeinten Kirche veranschaulicht werden. Analog zum Vater, von dem in gleicher Weise wie vom Sohn und Geist zu sagen ist, dass er als der eine und selbe Gott im Besitz des einen und selben göttlichen Wesens ist, wobei die Dreieinigkeit aber nicht tritheistisch verstanden wird, sondern als die eine ungeteilte ganze Gottheit und auf Grund dessen der Vater – dem göttlichen Wesen nach – voll und ganz identisch ist mit dem göttlichen Wesen der Heiligsten Dreieinigkeit, kann von der ‚Kirche Gottes‘ gesagt werden, in gleicher Weise wie von der ‚Kirche Christi‘ und der ‚Kirche des Heiligen Geistes‘[160], dass sie als die eine und einzige ungeteilte Kirche – dem Wesen nach – voll und ganz identisch ist mit dem Wesen der katholischen Kirche, wobei das Adjektiv ‚katholisch‘ neben dem oben bereits angeführten Bedeutungen vor allem die Katholizität als trinitarisch verfasste Einheit der Kirche meint. Analog zu den Personen Gottes des Vaters, des Sohnes und des Heiligen Geistes als „distinktive Subsistenzweisen“, die ihrem göttlichen Wesen nach im Geheimnis der Heiligsten Dreieinigkeit gleichermaßen subsistieren, subsistieren die ‚Kirche Gottes‘[161], die ‚Kirche Christi‘ und die ‚Kirche des Heiligen Geistes‘ dem Wesen nach gleichermaßen in der katholischen Kirche. Unter anderem findet sich hier die Formulierung aus LG 8 wieder: „Diese Kirche (d.h. die einzige

---

[160] Vgl. Anm. zu diesem Ausdruck ‚Kirche des Heiligen Geistes‘, Kapitel V.

[161] Vgl. Kehl (1992), S. 413: „das Volk Gottes subsistiert in der katholischen Kirche“, Anm.: Der Ausdruck ‚Volk Gottes‘ lässt sich ohne Zweifel auch ersetzen durch den Ausdruck ‚Kirche Gottes‘ und weil die Ausdrücke ‚Volk Gottes‘ und ‚Kirche Christi‘ von M. Kehl synonym gebraucht werden, erscheint meine Formulierung „das Verständnis von „Haec Ecclesia (...) subsistit in Ecclesia catholica“ (LG 8) im Geheimnis der ‚trinitarisch geeinten Kirche‘“ durchaus plausibel.

Kirche Christi)[162] (...) subsistiert in der katholischen Kirche". Welche Schlussfolgerungen ergeben sich nun daraus?

Die Kirche Christi ist – dem Wesen nach – voll und ganz identisch mit dem Wesen der katholischen Kirche, wie auch Christus – dem Wesen nach – voll und ganz identisch ist mit dem Wesen der göttlichen Dreieinigkeit. Die göttlichen Personen (= Relationen, Hypostasen)[163] haben zwar unterschiedliche Proprietäten[164], sind jedoch real mit der göttlichen Wesenheit identisch. In Analogie dazu haben zwar die göttlichen Personen in ihrem jeweils spezifischen Verhältnis zur Kirche (Vater im Verhältnis zur Kirche: ‚Kirche Gottes'; Sohn im Verhältnis zur Kirche: ‚Kirche Christi'; Heiliger Geist im Verhältnis zur Kirche: ‚Kirche des Heiligen Geistes') sozusagen verschiedene ‚Proprietäten', Funktionen und Zuständigkeiten, dennoch ist die ‚Kirche Gottes', die ‚Kirche Christi' und die ‚Kirche des Heiligen Geistes' jeweils – dem Wesen nach – voll und ganz identisch mit dem Wesen der katholischen Kirche, der einen und einzigen wahren Kirche. Da nun nach aristotelisch-thomistischer Lehre[165] allein dem Wesen (lat. Substantia; griech. οὐσία) *Seinscharakter* zukommt, kann man auf Grund des oben Gesagten hinsichtlich des subsistit-Satzes auch weiterhin die sichere Feststellung treffen: Die Kirche Christi *ist* die katholische Kirche. Auch existiert neben der ‚Kirche Christi' sowohl in der ‚Kirche Gottes' wie in der ‚Kirche des Heiligen Geistes' für sich voll und ganz die eine und einzige Kirche[166], die Analogie zum trinitarischen Geheimnis, dass drei wiederum eins sind. Weil der eine Gott in drei Personen (= Hypostasen, Relationen) der einzig wahre Gott ist und die eine und einzige katholische Kirche vorausbedeutet, gegründet und offenbart hat, deshalb ist die katholische

---

[162] Die Formulierung „Die Kirche (d.h. die einzige Kirche Christi) (...) ist verwirklicht in der katholischen Kirche" ist zu vergleichen mit der Formulierung in der Notifikation der Glaubenskongregation zu L. Boff, a.a.O.

[163] Vgl. Ott (1981), S. 84f.

[164] Vgl. ebd., S. 85.

[165] Vgl. Hirschberger (1976), S. 165f. u. 490.

[166] Symbolisch kommt das auch in den Texten des Zweiten Vatikanischen Konzils zum Ausdruck, wenn ekklesiologische Grundbegriffe wie ‚Volk Gottes', ‚Leib Christi' und ‚Tempel des Heiligen Geistes' nebeneinander und synonym gebraucht werden - sie stehen nämlich für ein und dieselbe Wirklichkeit: für die katholische Kirche; vgl. Johannes Paul II., Katechese, OR vom 29.11.1991 (Nr. 48); Schlink (1966), S. 74.

Kirche auch die einzig *wahre* Kirche. Und es ist auch weiterhin eine exklusive und absolute[167] Identität zwischen der einzigen Kirche und der katholischen Kirche gegeben, in dem Sinn, dass diese Identität, Gleichsetzung und alleinige Subsistenzweise für keine andere christliche Gemeinschaft oder sogenannte ,Kirche'[168] gilt. Der ,Trinitarische Interpretationsversuch' des Verständnisses von „Haec Ecclesia (...) subsistit in Ecclesia catholica" (LG 8) ist zwar nicht ausdrücklich in der Literatur nachzuweisen, ist aber durchaus in den Konzilstexten impliziert[169] und auch in der theologischen Literatur finden sich zahlreiche Andeutungen und Hinweise[170], die eine solche Interpretation zu rechtfertigen vermögen. Nicht nur aus einem Gespräch mit dem Konzilsvater Bischof E. Schick[171], sondern auch aus dem neuesten Ökumenischen Direktorium[172], das in der Kontinuität zum Zweiten Vatikanischen Konzil steht, ergibt sich die Legitimität einer Interpretation von „Haec Ecclesia (...) subsistit in Ecclesia catholica" (LG 8), die im Licht des trinitarischen Geheimnisses der Kirche durchgeführt werden kann. Und diese hat gezeigt, dass die Formulierungsänderung von ,est' zu ,subsistit in' nicht im Widerspruch steht zur beständigen Lehre, dass die katholische Kirche die Kirche Christi *ist*. Diese Tatsache und Lehre wurde vom Zweiten Vatikanum also weder aufgehoben noch relativiert. Konkret zeigt sich das auch darin, dass im Dekret ,Orientalium Ecclesiarum', welches zusammen mit ,Lumen Gentium' am selben Tag feierlich verkündigt worden ist[173], ausgesagt wird, dass „die heilige katholische Kirche der mystische Leib Christi ist" (OE 2). Bewusst, oder möglicherweise unbewusst (vgl. Einleitung), ist das Konzil mit der veränderten Formulierung ,subsistit in' tiefer eingedrungen in das

---

[167] Vgl. Löser (1968), S. 331.

[168] Der Ausdruck „sogenannte ,Kirche'" wird gewählt, um zu verdeutlichen, dass auf Grund der einen und einzigen Subsistenzweise in der katholischen Kirche ein ontologisches Verständnis anderer ,Kirchen' relativiert wird; vgl. Notation der Glaubenskongregation zu L. Boff, a.a.O.

[169] Vgl. Löser (1984), S. 19.

[170] Neben den bereits in die Arbeit aufgenommenen Literaturbelegen spiegelt sich das trinitarische Geheimnis auch in folgenden wider: vgl. Beinert, II (1964), S. 388; Kreider (1966), S. 29; Beinert (1986), S. 17f. u. 32; Lauter (1989), S. 323-332; Schütte (1991), S. 28, 44, 110f.; Präfation für die Sonntage im Jahreskreis VIII (Römisches Messbuch).

[171] Aus einem Gespräch mit Bischof Eduard Schick vom 11.07.1994 mit seiner Erlaubnis zum Zwecke der Zitation: „Das Geheimnis der Kirche ist ebenso trinitarisch zu verstehen wie die ganze Schöpfungswirklichkeit.".

[172] Vgl. Verlautbarung des Apostolischen Stuhls (110), Nr. 9, 11, 13.

[173] Vgl. Rahner; Vorgrimler (1991), S. 35.

Mysterium der Kirche[174] und hat den Erkenntnisfortschritt gebracht, dass die Kirche deutlicher als zuvor im Geheimnis der Heiligsten Dreieinigkeit betrachtet werden muss, ohne etwa „zu Einseitigkeiten des Christomonismus und Pneumatomonismus zu gelangen“[175]. Vielmehr subsistieren sowohl die ‚Kirche Gottes', die ‚Kirche Christi' und die ‚Kirche des Heiligen Geistes' gleichermaßen in der katholischen Kirche, die „als das von der Einheit des Vaters und des Sohnes und des Heiligen Geistes her geeinte Volk“ (LG 4) erscheint. All das wird nicht berührt durch den andersgearteten vordergründigen Anlass für die Veränderung von ‚est' zu ‚subsistit in', der die Elemente der Heiligung und Wahrheit anzuerkennen beabsichtigte, die durch die katholische Kirche zu den anderen ‚Kirchen und kirchlichen Gemeinschaften' gelangt sind, denn diese Elemente sind der Kirche Christi, d.h. der katholischen Kirche, eigene Gaben (vgl. LG 8). Wie das dogmatische Verhältnis der anderen ‚Kirchen und kirchlichen Gemeinschaften' zur katholischen Kirche aussieht, soll im zweiten Teil dieser Arbeit behandelt werden. Vorher ist es aber noch erforderlich, wenigstens auf entscheidende Ausdrucksformen der wahren Kirche einzugehen, denn diese sind mitunter Unterscheidungskriterien hinsichtlich der anderen christlichen Gemeinschaften, die trotz des Vorhandenseins positiver Bestandteile nicht unerheblich „durch ihren Gegensatz zu der einen Kirche Christi bestimmt sind“[176]. Im Bewusstsein, dass im Rahmen dieser Arbeit längst nicht alle Elemente der Heiligung und Wahrheit, wie z.B. auch die verschiedenen Formen des Gebetes, die Tugenden und das apostolische Wirken der Christen oder die segensreichen Ordensinstitute, aufgelistet werden können, muss sich auf die die Kirche konstituierenden, von Gott selbst institutionalisierten, und deshalb für das christliche Leben nicht ersetzbaren Mittel der Heiligung und der Wahrheit beschränkt werden. Solch unentbehrliche Elemente scheinen mir folgende zu sein: die primären Quellen der göttlichen Offenbarung –die Heilige Überlieferung und die Heilige Schrift– in Verbindung mit dem authentischen Lehramt der Kirche, sodann die kirchliche Hierarchie als Hilfsmittel zum Heil, die sieben Sakramente und die Marien- und Heiligenverehrung. In all dem kommt in besonderer Weise die Heilsbedeutung der katholischen Kirche zum Ausdruck, denn sie verfügt über

---

[174] Vgl. Lauter (1989), S. 331f.; Wiltgen (1988), S. 88.

[175] Larentzakis (1984), S. 84; vgl. auch: Lauter (1989), S. 332.

[176] Schmaus (1951), S. 80.

all diese auf göttliche Einsetzung bzw. göttliches Wirken zurückgehende Mittel der Heiligung und Wahrheit (vgl. UR 3).

VIII. Bedeutsame Mittel der Heiligung und der Wahrheit als Ausdrucksformen der wahren Kirche und als Kriterien zur Unterscheidung nichtkatholischer ,Kirchen und kirchlicher Gemeinschaften'

Es fällt auf, dass die Dogmatische Konstitution über die göttliche Offenbarung im Gegensatz zu den Formulierungen des Trienter Konzils die Reihenfolge Schrift-Tradition umkehrt[177] und die Tradition an erster Stelle nennt, denn die Tradition wird gewissermaßen als Oberbegriff verwendet, weil in der Schrift auch Tradition aufgenommen ist. Nach DV 7-9 schöpft die Kirche ihre Gewissheit über alles Geoffenbarte nicht aus der Heiligen Schrift allein, vielmehr bilden die „Heilige Überlieferung und die Heilige Schrift den einen der Kirche überlassenen heiligen Schatz des Wortes Gottes" (DV 10). Ebenfalls nach DV 10 kann die Heilige Überlieferung und die Heilige Schrift nur zusammen mit dem Lehramt der Kirche bestehen. Gerade dieses Miteinander hat ja gravierende Bedeutung für die Auslegung der Heiligen Schrift. Der biblische Fundamentalismus trennt „die Interpretation der Bibel von der Tradition, weil er auf dem Prinzip der ,sola scriptura' beruht. (...) Es fehlt dem Fundamentalismus die Erkenntnis, dass das Neue Testament in der christlichen Kirche entstanden ist und dass es Heilige Schrift dieser Kirche ist, deren Existenz der Abfassung ihrer Schriften schon vorausging"[178]. Ein ,sola Scriptura'-Prinzip wäre also zutiefst defizitär und „antikirchlich"[179].

In der katholischen Kirche sind sowohl die fast 2000-jährige heilige Tradition (vgl. DH 1), die Heilige Schrift und das authentische Lehramt der Kirche vorhanden, wodurch sie den Zugang zur umfassenden Offenbarungswahrheit Gottes gewinnt. In erster Linie kommt es der kirchlichen Hierarchie (vgl. LG 43, 45) zu, zum vollen Aufbau der Kirche beizutragen (vgl. LG 12). Die Hirten

[177] Vgl. Schlink (1966), S. 171.

[178] Verlautbarungen des Apostolischen Stuhls (115), S. 63.

[179] Ebd., S. 63.

(LG 43) und Oberhirten der Kirche (GE 10) sollen die Kirche leiten (vgl. LG 12, PO 7) und Mittel und Hilfe zum Heil der Gläubigen sein (vgl. CD 1-3). Die Kirche als „Lehrmeisterin der Wahrheit“ (DH 14) konkretisiert sich im lebendigen Lehramt der Kirche (vgl. DV 10), welches im Dienst der Gläubigen steht (vgl. UR 22), die wiederum bei ihrer Gewissensentscheidung die „heilige und sichere Lehre der Kirche sorgfältig vor Augen haben“ (DH 14) müssen[180], denn „die Bischöfe verkünden die wahre Lehre in der Einheit mit dem Papst. (...) Wenn eine Glaubens- oder Morallehre von den Bischöfen in der Kirche weltweit als endgültig gelehrt wird, genießt ihr Lehramt unfehlbare Autorität. (...) Der römische Papst bezieht als Haupt des Bischofskollegiums persönlich diese Unfehlbarkeit“[181]. Wenn das authentische Lehramt eine offizielle Stellungnahme oder Lehre in Sachen des Glaubens, der Sitte oder der Disziplin von sich gibt, spricht und lehrt die Kirche. Dies zeigt sich etwa in folgenden Formulierungen: „von der Kirche approbiert“ (AA 4), „bekennt die Kirche, belehrt von der Offenbarung Gottes“ (GS 18), „die Kirche erinnert alle daran“ (GS 59), „im Auftrag der Kirche und auf Geheiß der hierarchischen Autorität“ (AG 27), „die von der Kirche kraft ihrer Vollmacht gern unterstützt und bestätigt werden“ (PC 2), „Richtlinien der Kirche“ (PO 14), „Lehre und Grundsätze der Kirche“ (AG 26), „die Kirche mahnt“ (LG 67), „die Kirche hütet das bei ihr hinterlegte Wort Gottes“ (GS 33), „die Kirche lehrt“ (GS 21) u.a. Die Gläubigen hingegen „müssen auf das Lehramt der Kirche hören“ (GS 50) und sollen ihre Grundsätze bereitwillig annehmen und gewissenhaft beachten (vgl. IM 24). Das, was die geweihten Hirten in Stellvertretung Christi festsetzen, sollen sie in christlichem Gehorsam aufnehmen (vgl. LG 37, LG 27, AA 12). Die kirchliche Hierarchie hat ihre Berechtigung nur deshalb, weil sie vom dreieinigen Gott selbst geschaffen und eingerichtet worden ist. Dies soll im Folgenden Abschnitt kurz skizziert werden.

Gott selbst hat die heilige Kirche eingerichtet und geordnet (vgl. LG 32) und sie existiert nur, weil Gott ihr unaufhörlich die Autorität überträgt (vgl. LG 45). Der Sohn Gottes hat verschiedene Dienstämter institutionalisiert (vgl. LG 18) und durch die Verfassung und Ordnung der Kirche als Gesellschaft (vgl. GS 40, LG 8) ist Christus der Urheber der heiligen Hierarchie (vgl. AG 5, DH 13,

---

[180] Vgl. ebd., S. 15.

[181] Johannes Paul II., Katechese, OR vom 13.11.1992.

CD 1, PO 11, AA 2)[182], entgegen der irrigen Auffassung von L. Boff, Jesus habe zeit seines irdischen Lebens die Kirche als Institution nicht in seinen Vorstellungen gehabt[183]. Auch vom Heiligen Geist wird ausgesagt, dass er die Kirche ordnet, indem er sie z.B. mit den verschiedenen „hierarchischen und charismatischen Gaben“ (AG 4) ausstattet, d.h. der Heilige Geist bestellt geeignete Männer[184] dazu, die Kirche Gottes zu leiten (vgl. AA 23) und Fundamente des Glaubens zu legen (vgl. DV 18).

Wenn nun der dreieinige Gott selbst der Ursprung und Schöpfer der kirchlichen Ordnung ist und wenn diese Hierarchie bis auf den heutigen Tag im Papst-, Bischofs-, Priester- und Diakonenamt fortbesteht, wie im Folgenden dargelegt werden soll, dann gehört die vollständige Hierarchie wesensmäßig[185] zur Kirche und ist ein Ausdruck und Merkmal der einzig wahren Kirche.

1. Der Papst bzw. der Papst und das Bischofskollegium

Wenn das Zweite Vatikanische Konzil vom Papst bzw. vom Papst und dem Bischofskollegium handelt, dann steht seine Lehre ganz deutlich in Kontinuität zur Lehre des Konzils von Florenz (1439), außerdem „setzt es den Weg des ersten Vatikanischen Konzils fort und lehrt und erklärt feierlich mit ihm, dass der ewige Hirt Jesus Christus die heilige Kirche gebaut hat, indem er die Apostel sandte wie er selbst gesandt war vom Vater (vgl. Joh 20,21)“

[182] Vgl. Johannes Paul II., Katechese, OR vom 22.07.1988 (Nr. 30); OR vom 20.09.1991 (Nr. 38); OR vom 10.07.1992 (Nr. 28); Verlautbarungen des Apostolischen Stuhls (110), Nr. 11.
[183] Vgl. Boff (1985), S. 139.
[184] Vgl. Verlautbarungen des Apostolischen Stuhls (117), S. 4.
[185] Vgl. AS II/2, 348 (Ignatius Petrus XVI Batanian): „Clarior optaretur expositio nexuum Ecclesiae cum christianis non-catholicis; ibique dicendum esset quod de essentia Ecclesiae Christi est unitas magisterii et regiminis, cuius fundamentum et centrum est primatus Romani Pontificis.“; eigene Übersetzung: „Es wird eine klarere Aufstellung der Verbindungen der Kirche mit den nichtkatholischen Christen gewünscht; es müsste dort gesagt werden, dass zum Wesen der Kirche Christi die Einheit des Lehramtes und der Leitung gehört und dessen Fundament und Zentrum ist der Primat des römischen Bischofs.“; vgl. Johannes Paul II., Katechese, OR vom 10.07.1992 (Nr. 28); Verlautbarungen des Apostolischen Stuhls (117), S. 6.

(LG 18)[186]. „Zwischen Christus und Petrus besteht eine institutionelle Beziehung (...). Jesus bezeichnet Simon Petrus als Fundament, auf dem die Kirche gebaut wird. Die Beziehung Christus-Petrus spiegelt sich also in der Beziehung Petrus-Kirche wieder. (...) Das Bestehen der Kirche ist an den ‚Felsen' gebunden."[187] „Die Sendung, die Jesus dem Petrus aufgetragen hat, betrifft die Kirche in ihrer Dimension von Jahrhunderten und Menschengenerationen."[188] „Die Sendung ist verbunden mit einer Vollmacht, aber für Petrus und seine Nachfolger ist es eine zum Dienst (...) bestimmte Vollmacht."[189] Der Bischof von Rom ist der Nachfolger des heiligen Apostels Petrus und nach der „klaren Lehre des Zweiten Vatikanischen Konzils wollte Jesus, dass die Bischöfe als Nachfolger der Apostel, ‚in seiner Kirche bis zur Vollendung der Weltzeit Hirten sein sollten. Damit aber der Episkopat selbst einer und ungeteilt sei, hat er den heiligen Petrus an die Spitze der übrigen Apostel gestellt (...)' (LG 18). In diesem Sinn spricht das Zweite Vatikanische Konzil vom Bischof von Rom als dem ‚Hirten der ganzen Kirche', der über sie ‚volle, höchste und universale Gewalt' hat (LG 22)"[190]. „Als universaler Hirt hat der Papst den Sendungsauftrag, die geoffenbarte Lehre zu verkünden und in der gesamten Kirche den wahren Glauben an Christus zu fördern."[191]

Die Ausübung des päpstlichen Lehramtes ‚ex cathedra' geschieht allein oder mit der Gemeinschaft der Bischöfe. Die Verkündigung und Verbreitung der authentischen Lehre des Evangeliums kann in drei Weisen geschehen: erstens durch das Wort (unter Benutzung von Kommunikationsmitteln), zweitens durch die Schrift (Ansprachen, Enzykliken, indirekt durch römische Dikasterien) und drittens durch maßgebliche Initiativen und Einrichtungen wissenschaftlicher und pastoraler Natur[192]. Dass die Kirche unter Leitung des Papstes zusammen mit den mit ihm verbundenen Bischöfen[193] vom Zeitpunkt

---

[186] Vgl. Johannes Paul II., Katechese, OR vom 05.03.1993 (Nr. 9).
[187] Johannes Paul II., Katechese, OR vom 04.12.1992 (Nr. 49).
[188] Johannes Paul II., Katechese, OR vom 11.12.1992 (Nr. 50).
[189] Johannes Paul II., Katechese, OR vom 18.12.1992 (Nr. 51).
[190] Johannes Paul II., Katechese, OR vom 05.03.1993 (Nr. 9).
[191] Johannes Paul II., Katechese, OR vom 19.03.1993 (Nr. 11); vgl. auch: Schlink (1966), S. 173.
[192] Vgl. Johannes Paul II., Katechese, OR vom 19.03.1993 (Nr. 11).
[193] Vgl. AS III/1, 180 (Relatio generalis): „Mysterium Ecclesiae tamen non est figmentum idealisticum aut irreale, sed existit in ipsa societate concreta catholica, sub ductu successoris Petri et Episcoporum in eius communione. Non due Ecclesiae sunt, sed una tantum, quae caelestis

ihrer Gründung bis zur Vollendung der Kirche den Weg der irdischen Pilgerschaft geht, wird in zahlreichen Konzilsstellen unmissverständlich ausgesprochen, so z.B. in CD 2, CD 3, CD 9, CD 11, LG 8, LG 18, LG 19, LG 20, LG 22, LG 25, AG 6, PO 15, UR 2 und UR 3. Das Petrus- und das Apostelamt, das auf die Zukunft der einen Kirche angelegt worden ist, haben ihren in der apostolischen Sukzession gründenden Fortbestand im Papst- und Bischofsamt (vgl. CD 4). Diese Leitungsämter gehören wesentlich zur Kirche und sind damit ein deutliches Merkmal für die Einzigartigkeit der wahren römisch-katholischen Kirche.

2. Das Bischofsamt

Die Apostel, die „Grundfesten und Säulen der Kirche" (NA 4), übertrugen ihren Nachfolgern die Aufgaben und Vollmachten, die sie vom Herrn selbst empfangen hatten, um das begonnene Werk weiterzuführen (vgl. LG 20, DV 7, DV 8). Aus diesem Grund lehrt das Zweite Vatikanum, „daß die Bischöfe aufgrund göttlicher Einsetzung an die Stelle der Apostel als Hirten der Kirche getreten sind" (LG 20)[194]. Nachfolger der Apostel wird man folglich nur dann und ausschließlich, wenn „man in die Gemeinschaft derer eintritt, in denen sich ihr Amt fortsetzt"[195]. „Diese Nachfolge (der Apostel) wird von den ersten außerbiblischen christlichen Schriftstellern wie Klemens, Irenäus und Tertullian bestätigt und bildet das Fundament der Weitergabe des authentischen apostolischen Zeugnisses von Generation zu Generation."[196]

---

simul et terrestris, aeternum Dei consilium revelat, assimilatione sua cum Domino suo, tum in exinanitione sua, tum in gloriosa sua victoria."; eigene Übersetzung: „Das Geheimnis der Kirche ist dennoch kein idealistisches, unreales Gefüge, sondern es besteht in der konkreten katholischen Gemeinschaft unter der Leitung des Nachfolgers Petri und der mit ihm zusammenstehenden Bischöfe. Es gibt nicht zwei Kirchen, sondern nur eine, welche zugleich himmlisch und irdisch ist, den ewigen Ratschluss Gottes offenbart in ihrer Gleichstellung mit ihrem Herrn, sowohl in seiner Erniedrigung wie auch in seinem ruhmvollen Sieg.".

[194] Vgl. Verlautbarungen des Apostolischen Stuhls (110), Nr. 14; Schütte (1991), S. 62; unter Bezugnahme auf G. Vischer: Geistliches Amt, S. 52; Wiedenhofer (1992), S. 292.

[195] Ratzinger (1987), S. 21.

[196] Johannes Paul II., Katechese, OR vom 17.07.1992 (Nr. 29).

Das Konzil will auch bekräftigen, dass „jeder Bischof wahre Vollmacht über seine Diözese oder Ortskirche besitzt“[197]. Dabei handelt es sich um „wahre Autorität, der Achtung gebührt und der gegenüber sich die Priester und die Gläubigen im Bereich der kirchlichen Führung gelehrig und gehorsam verhalten müssen“[198]. H. U. von Balthasar sagt, die Kirche würde ohne eines „für die Einheit der Fülle verantwortlichen Kollegiums (der Apostel und ihrer Nachfolger) und jenes Mitglied des Kollegiums (Petri und seiner Nachfolger), das für die Einheit des Kollegiums und damit der ganzen Kirche verantwortlich ist und diese Einheit repräsentiert“[199], gar nicht katholisch sein, denn nach Ignatius von Antiochien ist Christus dort, wo der Bischof ist und da ist auch die katholische Kirche (vgl. Smyrn. 8,1; Magn. 6,1)[200]. Auch hier gilt wieder, dass das Bischofsamt wesentlich zur Kirche gehört, wobei die Abwesenheit erlaubt und gültig geweihter Bischöfe ein sicheres Zeichen dafür wäre, dass sich eine sogenannte ‚Kirche' oder ‚kirchliche Gemeinschaft' bezüglich des auf die Apostel zurückgehenden Amtes nicht auf den göttlichen Willen berufen könnte, der dieses Amt seiner ontologischen Beschaffenheit nach institutionalisiert und positiv ausgestattet hat.

3. Das Priesteramt

Das zuvor Gesagte über die Ausdrucksformen der einzig wahren Kirche gilt auch für das Vorhandensein erlaubt und gültig geweihter Priester in der katholischen Kirche. Die Priester nahmen von den Anfängen der Kirche an ihre Aufgaben zusammen mit den Aposteln und ihren Nachfolgern wahr (vgl. PO 11)[201] und nehmen bis heute durch die Weihe und die vom Bischof empfangene Sendung teil am dreifachen Amt Christi, dem Lehrer, Priester und König (vgl. PO 1), indem sie als Mitarbeiter des Bischofs zur vollkommenen Auferbauung der Kirche beitragen (vgl. PO 12). Das Mysterium Christi ist im Priester, der in AG 39 auch als „Stellvertreter Christi“

[197] Johannes Paul II., Katechese, OR vom 27.11.1992 (Nr. 48).

[198] Johannes Paul II., Katechese, OR vom 27.11.1992 (Nr. 48).

[199] Balthasar (1977), S. 148f.

[200] Vgl. Schütte (1991), S. 110.

[201] Vgl. Johannes Paul II., Katechese, OR vom 09.04.1993 (Nr. 14/15); vgl. auch: Löser (1986), S. 93.

bezeichnet wird, und im priesterlichen Dienst besonders wirksam (vgl. OT 14). Das Vorhandensein erlaubt und gültig geweihter Priester ist nicht nur eine große Würde (vgl. PO 1), sondern auch ein Charakteristikum für die Fülle der in der römisch-katholischen Kirche gegenwärtigen Heilsmittel.

4. Das Diakonenamt

Die Diakone wurden von den Aposteln eingesetzt (vgl. SC 86) und bilden, gestärkt mit sakramentaler Gnade, eine eigene beständige hierarchische Stufe (vgl. LG 29)[202]. Sie sind ebenso wie die Priester als „sorgsame Mitarbeiter des Bischofsstandes" (CD 15) zum Dienst am Volk Gottes geweiht (vgl. AG 15).

IX. Die Sakramente

„Die Sakramente des Neuen Bundes sind von Christus eingesetzt. Es gibt sieben Sakramente: die Taufe, die Firmung, die Eucharistie, die Buße, die Krankensalbung, die Weihe und die Ehe."[203] Alle Sakramente gehören zur sichtbaren Ordnung der Kirche[204]. Nach W. Kasper gibt es zwei „sacramenta maiora": die Taufe und die Eucharistie, welche wiederum nur bejaht werden können, wenn alle übrigen mitbejaht werden[205]. Denn erstens muss der in der Taufe Christus einverleibte Mensch die gesamte von ihm gewollte Ordnung, wozu eben auch die Siebenzahl der Sakramente gehört (s.o.), akzeptieren und zweitens sind die einzelnen Sakramente aufeinander bezogen, so ist z.B. die Taufe Voraussetzung für den Empfang der übrigen Sakramente oder das Bußsakrament ist mitunter eine Voraussetzung für den würdigen Empfang der Eucharistie, der Firmung, der Krankensalbung, des Ordo und des Ehesakramentes. Diejenigen, die das Weihe- oder Ehesakrament empfangen

---

[202] Vgl. Schlink (1966), S. 83.
[203] Kathechismus der Katholischen Kirche (KKK) (1992), Nr. 1210.
[204] Vgl. Johannes Paul II., OR vom 22.07.1988 (Nr. 30); vgl. Ratzinger (1986), S. 138.
[205] Vgl. Kasper (1965), S. 59.

haben (wie auch alle Getauften), bedürfen immer wieder der Sündenvergebung in der Beichte sowie der eucharistischen Nahrung und im schweren Krankheitsfall der Krankensalbung. Ferner können nicht nur die Eucharistie und die Taufe, sondern die meisten anderen Sakramente nur deshalb gespendet werden, weil sie mit Ausnahme der Nottaufe oder der Ehe, die sich die Partner selber spenden, vom Ordo des Bischofs, Priesters oder Diakons abhängig sind. Nachdem also soeben die Zusammengehörigkeit aller sieben Sakramente skizziert wurde, kann nun ausgesagt werden, dass die volle Übereinstimmung im Verständnis und Vollzug der Gesamtheit der Sakramente ein Grunderfordernis für eine echte und wahre Kirchengemeinschaft ist[206]. Wenn man von der Kirche als ‚sacramentum' spricht, dann ist dies in analoger Weise zu verstehen[207]. Im Folgenden soll das rechte Verständnis der sieben Sakramente kurz skizziert werden, um darin weitere Ausdrucksformen und Kennzeichen für die einzig wahre Kirche zu erkennen.

1. Die Taufe

Die Taufe ist die Grundlage für das ganze christliche Leben sie ist die Tür zum geistlichen Leben und zu den anderen Sakramenten. Durch die Taufe wird der Mensch von der Erbsünde befreit und bei Bejahung des katholischen Glaubens und der kirchlichen Leitung in die katholische Kirche eingegliedert (vgl. AA3, LG 11, UR 22)[208]. „Die Taufe ist für jene Menschen heilsnotwendig, denen das Evangelium verkündet worden ist und die die Möglichkeit hatten, um dieses Sakrament zu bitten (vgl. Mk 16,16). Die Kirche kennt kein anders Mittel als die Taufe, um den Eintritt in die ewige Seligkeit sicherzustellen."[209]

---

[206] Vgl. Schütte (1991), S. 173.

[207] Johannes Paul II., Katechese, OR vom 06.12.1991 (Nr. 49).

[208] Vgl. KKK (1992), Nr. 1213.

[209] Ebd., Nr. 1257.

2. Die Firmung

Taufe, Firmung und Eucharistie bilden die „Sakramente der christlichen Initiation“[210]. Durch das Sakrament der Firmung werden die Getauften vollkommener der Kirche verbunden (vgl. LG 11) und zur Teilnahme an der Heilssendung der Kirche bestellt (vgl. LG 33).

3. Die Eucharistie

Das Sakrament der Eucharistie ist wie alle anderen Sakramente vom Herrn selbst eingesetzt (vgl. UR 2, SC 47)[211], es wurde aus apostolischer Überlieferung als Pascha-Mysterium seither jeweils am Sonntag gefeiert (vgl. SC 6, SC 102, SC 106, AA 8) und ist ein Akt Christi und der Kirche (vgl. PO 13, SC 26), in dem Christus leibhaft gegenwärtig ist (SC 7, PO 2, PO 5)[212]. Die Eucharistie ist „Quelle und Höhepunkt des ganzen christlichen Lebens“ (LG 11, SC 10; vgl. UR 15, SC 7, DV 26)[213]. Niemand anders als der erlaubt und gültig geweihte Priester darf und kann in ‚persona Christi' das Sakrament der Eucharistie vollziehen[214], durch das die Kirche unter dem Vorsitz des Bischofs[215] auf vorzügliche Weise sichtbar wird (vgl. SC 41, CD 11, LG 3). Durch die Eucharistiefeier verbindet sich die pilgernde Kirche auf innigste Weise mit dem Kult der himmlischen Kirche (vgl. LG 50). „Mit Recht hat K. Rahner festgestellt: ‚(...) die Eucharistie ist, weil es die Kirche gibt, (...) Kirche ist, weil es Eucharistie gibt (...)'“[216], d.h. die Eucharistie ist kirchenkonstitutiv[217] (Ubi eucharistia ibi ecclesia)[218], weil die Eucharistie die

---

[210] Ebd., Nr. 1285.

[211] Vgl. Johannes Paul II., Katechese, OR vom 20.09.1991 (Nr. 38).

[212] Vgl. Meinhold (1961), S. 114f.

[213] Vgl. Johannes Paul II., Katechese, OR vom 21.05.1993 (Nr. 20).

[214] Vgl. Ruf (1989), S. 219; vgl. CIC/1983, cc. 900-911.

[215] Vgl. Schütte (1991), S. 113; unter Bezugnahme auf T. Nikolaou: Katholizität, katholisch, S. 617.

[216] Holböck (1962), S. 224; unter Bezugnahme auf K. Rahner: Primat und Episkopat. In: Sendung und Gnade, Innsbruck 1959, S. 253.

[217] Vgl. Larentzakis (1984), S. 96.

[218] Vgl. Stakemeier (1965), S. 554.

Einheit der Kirche bewirkt[219]. Wo die Eucharistie in ihrem gültigen und rechtmäßigen Vollzug nicht vorhanden ist, fehlt ein entscheidendes kirchenkonstitutives Heilsmittel, denn „die Kirche bringt sich in der Eucharistie zum Ausdruck und die Eucharistie schafft Kirche“[220]. Auch das Konzil sieht in der Eucharistie eine Ausdrucksform der wahren Kirche (vgl. SC 2).

4. Das Bußsakrament

„Die Kirche umfasst Sünder in ihrem eigenen Schoße. Sie ist zugleich heilig und stets der Reinigung bedürftig“ (LG 8). Deshalb hat Christus das Bußsakrament (vgl. LG 11, PO 13, PO 18, SC 72, SC 74, OE 27) eingesetzt, zu dessen wirksamen Empfang die Bußgesinnung und Bereitschaft zur Besserung sowie das Sündenbekenntnis einem Priester gegenüber notwendig ist[221], um mit Gott und der Kirche versöhnt zu werden (vgl. PO 5). Das Vorhandensein des Priesters ist also Grundvoraussetzung für die Spendung des Bußsakramentes; folglich fehlt dieses Sakrament als wichtiges Heilsmittel bei all jenen christlichen Gemeinschaften (vgl. zweiter Teil der Arbeit), die über keine gültig geweihten Bischöfe (Priester) verfügen. Positiv formuliert ist das Vorhandensein dieses Sakraments ein Ausdruck der wahren Kirche, denn es ist ein Geschenk von Christus dem Bräutigam an seine Braut die Kirche, damit diese einst rein und makellos vor ihm erscheinen kann.

5. Die Krankensalbung

Auch das Vorhandensein des Sakramentes der Krankensalbung (vgl. OE 27, LG 11, SC 73 ff), das nur der gültig geweihte Priester spenden kann[222], ist ein Ausdruck der wahren Kirche (vgl. Jak 5,14). Auch dieses Sakrament ist von

---

[219] Vgl. Beinert, II (1964), S. 347ff.; vgl. auch: Sekretariat für die Einheit der Christen (1972), S. 80; Ratzinger (1986), S. 132 u. 134; Ratzinger (1987), S. 17.

[220] Johannes Paul II., Katechese, OR vom 06.12.1991 (Nr. 49).

[221] Vgl. Ruf (1989), S. 226.

[222] Vgl. ebd., S. 324f.; vgl. auch: KKK (1992), Nr. 1516.

Christus eingesetzt und was Christus der Kirche auf Dauer übergeben hat, das muss sie bewahren. Und weil die Kirche die Krankensalbung als ein Heilsmittel bis heute bewahrt hat, darf man darin einen Ausdruck für die Fülle der wahren Kirche sehen, so wie sie hinsichtlich der äußeren Gnadenmittel von Christus positiv gewollt ist.

6. Der Ordo

Die Weihe ist das Sakrament, durch welches die Sendung, die Christus seinen Aposteln anvertraut hat, in der Kirche weiterhin ausgeübt wird bis zum Ende der Zeit. (...) Sie umfasst drei Stufen: den Episkopat, den Presbyterat und den Diakonat“[223] Das Zweite Vatikanische Konzil lehrt die Sakramentalität des Bischofsamtes[224], „durch das die Fülle des Weihesakramentes übertragen wird“[225] (vgl. LG 26). Das Weihesakrament kann nur der gültig geweihte Bischof spenden, die Bischofsweihe darf erlaubterweise nur mit päpstlichem Mandat vorgenommen werden[226]. Zum gültigen Empfang der heiligen Weihe ist nur ein getaufter Mann (vir baptizatus) befähigt[227]. Der Weiheakt besteht aus Handauflegung (Materie) und Weihegebet (Form). Die Gültigkeit ist abhängig von einem in der apostolischen Sukzession stehenden Bischof (vgl. CD 4). Wenn die Apostolische Sukzession abgebrochen ist, kann es keine gültig geweihten Bischöfe, Priester und Diakone geben. Hingegen ist in den auf Grund der vorhandenen Apostolischen Sukzession gültig übertragenen Weiheämtern ein wesentliches Merkmal der wahren Kirche festzustellen (vgl. auch Anm. 185).

---

[223] KKK (1992), Nr. 1536.

[224] Vgl. Johannes Paul II., Katechese, OR vom 09.10.1992 (Nr. 41).

[225] Mörsdorf (1966), S. 46; vgl. auch: Kreider (1966), S. 59.

[226] Vgl. Ruf (1989), S. 236f.

[227] Vgl. ebd., S. 239; vgl. CIC/1983, c. 1024; Verlautbarungen des Apostolischen Stuhls (117), S. 4-6.

7. Das Ehesakrament

Die vollzogene sakramentale Ehe, die absolut unauflösbar ist[228], ist als heiliges Zeichen (vgl. LG 11, GS 48f., SC 77) ein Ausdruck für die Beziehung Christi zur einen und einzigen Kirche, denn die Eheleute geben durch ihr Leben ein existentielles Zeugnis für den Bund des göttlichen Bräutigams mit seiner einzig geliebten Braut[229].

X. Die Marien- und Heiligenverehrung

Im achten Kapitel der Kirchenkonstitution betrachtet das Konzil die selige jungfräuliche Gottesmutter Maria im Geheimnis Christi und der Kirche. Nachdem ihre Aufgabe in der Heilsökonomie dargelegt worden ist (vgl. LG 55-59), sagt das Konzil, dass die „Mutterschaft Mariens in der Gnadenökonomie unaufhörlich fortdauert, von der Zustimmung an, die sie bei der Verkündigung gläubig gab und unter dem Kreuz ohne Zögern festhielt, bis zur ewigen Vollendung aller Auserwählten. In den Himmel aufgenommen, hat sie diesen heilbringenden Auftrag nicht aufgegeben, sondern fährt durch ihre vielfältige Fürbitte fort, uns die Gaben des ewigen Heils zu erwirken. (...) Deshalb wird die selige Jungfrau in der Kirche unter dem Titel der Fürsprecherin, der Helferin, des Beistandes und der Mittlerin angerufen" (LG 62). Maria hat in der heiligen Kirche nach Christus den höchsten Platz (vgl. LG 54, LG 69)[230]. Die Kirche verehrt sie darüber hinaus als „geliebte Mutter" (LG 53, LG 63, vgl. SC 103), „Jungfrau" (LG 63, LG 65) und „Typus der Kirche" (LG 63); in einem Kult eigener Art wird sie verehrt, der sich aber wesentlich vom Kult der Anbetung unterscheidet, ihn jedoch fördert (vgl. LG 66); d.h. Marienverehrung dient als Mittel zum Heil (per Maria ad Iesum). Ähnliches ist auch von den Heiligen zu sagen, die eine „bleibende Aufgabe für das Volk Gottes in der Pilgerschaft"[231] haben. Auch sie werden in der Kirche gemäß der Überlieferung verehrt (vgl. SC 104, SC 111). Ohne die

[228] Vgl. Ruf (1989), S. 247; vgl. CIC/1983, c. 1141.

[229] Vgl. KKK (1992), Nr. 1616f.

[230] Vgl. Galli (1964), S. 80; Düring (1979), S. 42.

[231] Wiedenhofer (1992), S. 270.

lebendige Verbundenheit und Verehrung Marias und der Heiligen wäre die Kirche defizitär[232].

XI. Die Heilsbedeutung, Heilsvermittlung und Heilsnotwendigkeit der Kirche

Wenn das Konzil lehrt, dass die Kirche „die Gesamtheit oder die Fülle der Heilsmittel umgreift" (AG 6), dann erkennt L. Boff zu Recht, „es geht hier nicht um die Fülle des Heils, sondern nur um die Fülle der Heilsmittel"[233], d.h. auf Grund der in ihr existierenden Heilsmittel strebt die Kirche auf die Heiligung des Menschen und die Verherrlichung Gottes hin (vgl. SC 20, OT 22). Die Glaubensweitergabe (vgl. AG 14, LG 11, LG 48) und Heilsvermittlung (vgl. GS 48) durch die Kirche geschieht konkret vor allem durch die Verkündigung der kirchlichen Lehre und des Wortes Gottes und die Aufnahmebereitschaft durch die Gläubigen, durch die Wegweisung der Hirten der Kirche und den christlichen Gehorsam der Menschen, durch die Spendung der Sakramente und den recht disponierten Empfang wie durch die Fürsprache Marias und der Heiligen und eine entsprechende Verehrung und Anrufung seitens der Gläubigen. All dies und vieles mehr, das in der Gnade Gottes durch die Kirche vermittelt wird, setzt die entsprechende Disposition und Bereitschaft der Gläubigen voraus, ihr Leben in Glaube, Hoffnung und Liebe zu gestalten, denn es darf nicht vergessen werden, dass die Kirche aus fehlbaren und sündigen Menschen besteht. Unbenommen der Tatsache, dass Gott die Freiheit besitzt, Gnade und Heil auch auf andere Wege als durch die Kirche und die von ihm geschaffenen Mittel der Heiligung und der Wahrheit zu verleihen, auf Wegen, die nur er kennt lehrt das Zweite Vatikanische Konzil dennoch, „gestützt auf die Heilige Schrift und die Tradition (...), dass diese pilgernde Kirche zum Heile notwendig sei" (LG 14)[234]. „Christus selbst hat nämlich ‚mit ausdrücklichen Worten die Notwendigkeit des Glaubens und der Taufe betont und damit zugleich die Notwendigkeit der Kirche, in die die Menschen durch die Taufe wie durch eine Tür eintreten, bekräftigt (...)'" (AG

[232] Vgl. Balthasar (1977), S. 148ff.

[233] Boff (1972), S. 414.

[234] Vgl. Kaiser (1976), S. 297.

7). Wer aber „das Evangelium Christi und seine Kirche ohne Schuld nicht kennt, Gott aber aus ehrlichem Herzen sucht, seinen im Anruf des Gewissens erkannten Willen unter dem Einfluss der Gnade in der Tat zu erfüllen trachtet, kann das ewige Heil erlangen" (LG 16, AG 7); jedoch wird es auf jeden Fall als ekklesiales Heil erlangt[235], d.h. letztlich kann man nur durch die Kirche das Ziel des Lebens erreichen, auch wenn man sie nicht kennt. So ist beispielsweise der Heilige Geist der Kirche verheißen und selbst wenn er während der bisherigen 2000-jährigen Geschichte der Kirche auch außerhalb ihrer Grenzen gewirkt hat und wirkt, so nur deshalb, weil es gemäß dem Willen Gottes die Kirche gibt, durch die der Geist der Wahrheit wie durch ein Rohr in die Welt gelangt ist (vgl. UR 3). Dies können wir analog auch an Maria, dem ‚Typus der Kirche', nachvollziehen; auch auf ihr lag eine Notwendigkeit, denn sie war notwendig, damit der Sohn Gottes in die Welt kommen und die Erlösung bewirken konnte; ohne aber die Möglichkeit zu leugnen, dass Gott auch auf irgendeine andere Weise hätte Erlösung wirken können. Und in diesem Sinn ist auch die Kirche notwendig, wenngleich der Urheber der Kirche die Menschen auch auf andere außerordentliche Weise zum Heil führen könnte. Weil aber ein Leben ohne die Kirche und ihre Mittel der Heiligung und der Wahrheit, die Gott ja gerade deshalb geschaffen hat, um dem Menschen einigermaßen sicher zum Ziel des Lebens gelangen zu lassen, mangels göttlicher Wahrheits- und Gnadenvermittlung prinzipiell mit großen Gefahren und Unsicherheiten verbunden sein kann, „liegt auf der Kirche die Notwendigkeit und zugleich das heilige Recht der Evangeliumsverkündigung" (AG 7). Bei der Darstellung des Verständnisses von „Haec Ecclesia (...) subsistit in Ecclesia catholica" (LG 8) wurde zunächst auf die kontroverse Diskussion und Problematik eingegangen, wobei einerseits das geschichtliche Zustandekommen dieser Aussage nachvollzogen wurden und andererseits die sich anschließenden Interpretationen kritisch beleuchtet wurden. Der vordergründige Anlass für die Veränderung von ‚est' zu ‚subsistit in' bestand darin, die in anderen ‚Kirchen und kirchlichen Gemeinschaften' vorzufindenden Elemente der Heiligung und der Wahrheit in größerem Maße zu würdigen. Dennoch wird dadurch keineswegs die Tatsache berührt, dass „in der katholischen Kirche allein die Kirche Christi mit der Fülle der Heilsmittel, die Christus den Aposteln

[235] Vgl. Beinert (1990), S. 48.

anvertraut hat, subsistiert“[236]. Die ‚Trinitarische Interpretation' des subsistit-Satzes, bei der das Geheimnis der Kirche analog zum Geheimnis der Heiligsten Dreieinigkeit gedeutet wird, zeigt einerseits, dass nach wie vor eine Gleichsetzung und Identifizierung der Kirche Christi mit der katholischen Kirche gegeben ist, sogar in ausschließlicher, absoluter Form, in dem Sinn, dass nur und allein von der katholischen Kirche gesagt werden kann, in ihr subsistiert die Kirche Christi (vgl. Notation der Glaubenskongregation zu L. Boff's Buch: ‚Kirche: Charisma und Macht'). Andererseits zeigt die ‚Trinitarische Interpretation', dass im Kontext aller dafür ekklesiologisch relevanten Konzilsaussagen die Kirche nicht mehr monistisch, d.h. in Überbetonung des Verhältnisses einer göttlichen Person zu ihr, sondern im Geheimnis der dreipersonalen Einheit gesehen werden soll. Und darin konkretisiert sich die „tiefere Klärung des Geheimnisses der Kirche“ (GS 2); das Konzil hat hier einen wahren Erkenntnisfortschritt erzielt[237]. Im weiteren Verlauf der Arbeit sollen sodann bedeutsame Mittel der Heiligung und der Wahrheit als Ausdrucksformen der einzig wahren Kirche aufgezeigt werden, um einerseits das aus dem Verständnis des subsistit-Satzes gewonnene Ergebnis auszubauen und zu verfestigen und andererseits Unterscheidungskriterien für die Verhältnisbestimmung der anderen ‚Kirchen und kirchlichen Gemeinschaften' zur katholischen Kirche im zweiten Teil der Arbeit zu gewinnen. Entgegen etwaigen ‚sola-Prinzipien' ist diese Auflistung in ihrer Gesamtheit und Zusammengehörigkeit zu verstehen; die Heilige Überlieferung und die Heilige Schrift und das Lehramt, die kirchliche Hierarchie: der Papst und die Bischöfe und die Priester und die Diakone, die Siebenzahl der heiligen Sakramente sowie die Marien- und Heiligenverehrung sind einige bedeutsame Mittel der Heiligung und der Wahrheit; sie befinden sich allesamt in der katholischen Kirche[238] und „müssen gut gebraucht werden, um ihre Effektivität zu erreichen“[239]. Dass

[236] Eigene Übersetzung, Sullivan (1988), S. 28: „One can only conclude that it is in the Catholic Church alone that the Chruch of Christ subsists with that fullness of the means of salvation which Christ entrusted to the apostolic college.".

[237] Vgl. Scheffczyk (1993), S. 142.

[238] Vgl. Verlautbarungen des Apostolischen Stuhls (110), Nr. 104.

[239] Eigene Übersetzung, Sullivan (1988), S. 28: „The means of grace have to be used well to achieve their full effect, and the possession of a fullness of means is no guarantee of how well they will be used.".

nun die katholische Kirche die einzig wahre Kirche Christi *ist*[240], ist auch klare Lehre des Zweiten Vatikanischen Konzils. „(...) Das Konzil (beharrt) auf dem Standpunkt der Einheit und Einzigartigkeit der wahren Kirche mit Bezug auf die existierende katholische Kirche: ‚Dies ist die einzige Kirche Christi, die wir im Glaubensbekenntnis als die eine, heilige, katholische und apostolische bekennen' (LG 8). (...) Somit lässt das Konzil die Beantwortung der Frage, wo diese wahre Kirche zu finden sei, nicht im Unklaren (...). ‚Diese Kirche, in der Welt als Gemeinschaft verfasst, ist verwirklicht in der katholischen Kirche'. Um diese Zusammenfügung von wahrer, einer Kirche Christi mit der katholischen Kirche jedem Missverständnis zu entheben, wird hinzugefügt, daß es sich um die Kirche handelt, ‚die vom Nachfolger Petri und von den Bischöfen in Gemeinschaft mit ihm geleitet wird'. (...) In der katholischen Kirche hat demnach die einzige Kirche Christi ihre Verwirklichung, ihre Existenz und ihren Bestand. Es gibt keine andere Kirche Christi neben ihr. Damit ist auch mit behauptet, daß die Kirche Jesu Christi selbst in ihrem Wesen nicht gespalten, und dass ihre Einheit nicht aufgehoben ist, trotz vieler Abtrennungen von ihr."[241] „Alle Konzilsväter nehmen als sicher an, daß Jesus Christus eine einzige Kirche gegründet hat und dass diese die katholische, apostolische, römische Kirche *ist*, deren Fundament und Haupt, eingesetzt von Christus dem Herrn, der Papst ist"[242], was auch aus den Konzilsdokumenten selbst unmissverständlich hervorgeht. „An manchen Stellen ist einfachhin von der Kirche die Rede, obwohl sich aus dem Zusammenhang eindeutig ergibt, daß die katholische Kirche gemeint ist."[243]

---

[240] Vgl. Beinert, I (1964), S. 38; unter Bezugnahme auf F. Kattenbusch: Symbol II, S. 922: „Der Begriff ‚katholisch' in der Patristik (...): ‚katholisch' bedeutet soviel wie ‚wahr' und darum ‚einzig'."; vgl. auch: Bea (1963), S. 42; Schütte (1991), S. 110: „Die wahre Kirche nennt Augustinus einfach die Catholica."; vgl. Scheffczyk (1993), S. 139ff.; Petri (1988), S. 372.

[241] Scheffczyk (1993), S. 143f.

[242] Ruffini (1965), S. 633; vgl. auch: Beinert, I (1964), S. 153f.; vgl. AS II/2, 799 (Conferentia Episcopalis Aprutiensis): „Nei nn. 2-10 è necessario insistere piu sull'elemento ontologico di appartenenza alla Chiesa, che su quello giuridico. I1 Battesimo e la Cresima, realtà ontologiche e invisibili, creano i veri membri della Chiesa, che reaggiungono la perfezione nel vincolo giuridico con la Chiesa vera, che è quella Cattolica."; eigene Übersetzung: „Über die Nummern 2-10 ist es notwendiger zu insistieren hinsichtlich des ontologischen Elements der Zugehörigkeit zur Kirche als über das rechtliche. Die Taufe und die Firmung als ontologische und unsichtbare Wirklichkeiten, schaffen die wahren Glieder der Kirche, die die Vollendung im juristischen vinculum mit der wahren Kirche erreichen, welche jene katholische ist.".

[243] Kaiser (1976), S. 299.

Nach der konziliären Lehre ist nämlich die „einzige wahre Religion (...) verwirklicht in der katholischen, apostolischen Kirche“ (DH 1), die „in dieser Welt als Gesellschaft verfasst und geordnet“ ist und „vom Nachfolger Petri und von den Bischöfen in Gemeinschaft mit ihm geleitet wird“ (LG 8). Es gibt gemäß dem Zweiten Vatikanum nur eine einzige Kirche (vgl. UR 4, UR 24); „die heilige katholische Kirche ist der mystische Leib Christi“ (OE 2), sie ist „die Lehrmeisterin der Wahrheit“ (AG 14; vgl. DV 8). „Die katholische Kirche ist von Christus, dem Herrn gegründet, um allen Menschen das Heil zu bringen“ (IM 3; vgl. LG 1, LG 13, LG 17, AG 1, AG 5, AG 7, GS 58, DH 1, AA 5). „Denn nur durch die katholische Kirche Christi, die das allgemeine Hilfsmittel des Heiles ist, kann man Zutritt zu der ganzen Fülle der Heilsmittel haben“ (UR 3). Deshalb ist sie auch heilsnotwendig (vgl. LG 14, AG 7); und „jene Menschen können nicht gerettet werden, die um die katholische Kirche und ihre von Gott gestiftete Heilsnotwendigkeit wissen, in sie aber nicht eintreten oder in ihr ausharren wollten“ (LG 14, AG 7), denn „alle Menschen sind ihrerseits verpflichtet, die Wahrheit, besonders in dem, was Gott und seine Kirche angeht, zu suchen und die erkannte Wahrheit aufzunehmen und zu bewahren“ (DV 8).

Im zweiten Teil dieser Arbeit soll nun herausgearbeitet werden, in welchem Verhältnis die anderen ‚Kirchen und kirchlichen Gemeinschaften’ zur katholischen Kirche stehen und weshalb sie als ‚Kirche’ bezeichnet werden oder das Attribut ‚kirchlich’ erhalten. Weil eine detaillierte Darstellung der vielen verschiedenen ‚Kirchen und kirchlichen Gemeinschaften’ den Rahmen dieser Arbeit sprengen würde, muss sich auf eine Grobunterscheidung in „getrennte Ostkirchen“ und „protestantische Gemeinschaften“ beschränkt werden, wenngleich ich mir der Problematik bewusst bin, die vielen inhaltlich differierenden Gemeinschaften unter einer zweifachen Klassifizierung zu subsumieren. Deshalb kann auch nur eine grundsätzliche Verhältnisbestimmung vorgenommen werden, die bei einzelnen Gemeinschaften im Detail abzuweichen vermag. Wenn im Folgenden von der ‚katholischen Kirche’ gesprochen wird, dann ist, ohne jedes Mal eigens darauf hinzuweisen, auf der Grundlage des im ersten Teil Erarbeiteten die römisch-katholische Kirche gemeint und wenn der Ausdruck ‚römisch-katholische Kirche’ verwandt wird, dann sind selbstverständlich auch alle ihr zugehörenden unierten griechisch-katholischen Teilkirchen mit inbegriffen.

ZWEITER TEIL:

I. ‚Kirchen und Kirchliche Gemeinschaften' in ihrem dogmatischen Verhältnis[244] zur katholischen Kirche

In einem Kommentar zum 1. Kapitel von ‚Lumen Gentium' stellt A. Grillmeier die Frage nach der „‚Kirchlichkeit' der nicht katholischen ‚Kirchen' und Gemeinschaften"[245], der im Folgenden nachgegangen werden soll. Nachdem die katholische Kirche als die einzig wahre[246] und zum Heil notwendige Kirche, wofür sie von den getrennten Brüdern oft des „Stolzes und des Herrschgelüstes"[247] bezichtigt wird, im ersten Teil dieser Arbeit ausführlich dargelegt wurde, geht es nun darum, das dogmatische Verhältnis der „getrennten Brüder, sowohl als einzelne wie auch als Gemeinschaften und Kirchen betrachtet" (UR 3), zur katholischen Kirche unter Herausarbeitung des positiven Verhältnisses[248] einerseits als auch des Gegensatzes[249], des Trennenden und einander Ausschließenden[250] andererseits zu bestimmen. Dabei wird zu klären sein, aus welchen Gründen man den getrennten Brüdern den Namen ‚Kirche' oder ‚kirchliche Gemeinschaft' zugesteht und inwiefern sie Heilsbedeutung besitzen. Schließlich erhebt sich die Frage nach der Einheit der Christenheit in der einen Kirche angesichts der vielen anderen christlichen ‚Kirchen und Gemeinschaften' in ökumenischer Hinsicht.

---

[244] Vgl. Stakemeier (1963), S. 171; der Ausdruck ‚dogmatisches Verhältnis' wird hier aus dogmatisch-ekklesiologischer Perspektive verwandt in Abgrenzung zu einem etwaig ‚zwischenmenschlichen Verhältnis' zwischen Angehörigen der Kirche und den anderen ‚Kirchen und kirchlichen Gemeinschaften', wobei letzteres bei einer theologisch-dogmatisch ausgerichteten Diplomarbeit verständlicherweise nicht primärer Gegenstand der Untersuchung und Darstellung sein kann.

[245] Grillmeier (1966), S. 175; vgl. auch: Kehl (1992), S. 420f.

[246] Vgl. Löser (1986), S. 338.

[247] Bea (1963), S. 43.

[248] Vgl. Rahner (1963), S. 137.

[249] Vgl. Schmaus (1951), S. 80.

[250] Vgl. Klünder (1956), S. 65; Kasper (1965), S. 48f.

II. Verschiedene Modelle hinsichtlich ihrer Eignung zur Verhältnisbestimmung zwischen den ,Kirchen und kirchlichen Gemeinschaften' und der katholischen Kirche

1. Das ,Tortenmodell'

Dieses Modell richtet sich nach dem Bild einer in viele Stücke aufgeteilten Kuchentorte. Wie die ganze Torte aus der Vielzahl der einzelnen Tortenstücke gewissermaßen ein einheitliches Ganzes bildet, so besteht die allumfassende Kirche aus der Summe der jeweiligen ,Kirchen' und Konfessionen, die das Ihrige in die erstrebte eine Kirche einbringen[251]. So bezeichnen sich die Orthodoxen wie die Anglikaner oder die Protestanten als zur allumfassenden, in diesem Sinne ,katholischen Kirche', zugehörig[252], wobei eine solche Vorstellung von ,Katholizität' keineswegs mit dem übereinstimmt, was das Zweite Vatikanum unter Katholizität versteht, denn katholisch ist die Kirche vor allem, insofern sie auch römisch ist[253]. Unter Berufung auf den ersten Teil der vorliegenden Arbeit ist dieses Modell für eine authentische Verhältnisbestimmung inakzeptabel, weil die katholische Kirche darin nicht in ihrer Einzigartigkeit und Absolutheit zum Ausdruck kommt, vielmehr prinzipiell als eine Kirche unter anderen erscheint.

2. Das ,Baummodell'

Nach dem Bild eines Baumes „bestünde die Einheit der Kirche Christi in der geschichtlichen Verzweigung der einstmals einen Kirche in fünf große Äste: die römische, die griechische, die lutherische, die kalvinistische und die anglikanische Kirche. Alle Gruppen besäßen Teilwahrheiten, und in der Summe ihrer geschichtlich gewachsenen Verschiedenheiten zeige sich die

---

[251] Vgl. Petri (1988), S. 366.

[252] Vgl. Congar (1986), S. 57ff.; unter Bezugnahme auf J. N. Karmiris: The Schism of the Roman Church. In: Theol (A) 21 (1950), S. 400-433, 555-587.

[253] Vgl. Beinert, I (1964), S. 306; unter Bezugnahme auf Max Lackmann.

Einheit der Kirche“[254]. Auch dieses Modell ist völlig inakzeptabel[255], was sich ja auch in der entschiedenen Zurückweisung durch das Heilige Offizium[256] zeigt, denn die römisch-katholische Kirche ist nicht nur ein Zweig, sondern in ihr ‚verharrt' die Kirche Christi, sie ist mit ihr identisch (vgl. den ersten Teil dieser Arbeit) und hat sich keineswegs aufgespalten. Vielmehr haben sich spätere sogenannte ‚Kirchen' von ihr abgespalten, aber das kommt in diesem ‚Baummodell' nicht genügend zum Ausdruck. Abgesehen davon umfasst die katholische Kirche nicht nur Teilwahrheiten (s.o.), sondern die Fülle der Wahrheit und der Heilsmittel und darüber hinaus ist „für die Abzweigungen und das Recht letztlich aufspaltender Sonderungen“[257] wohl kein Offenbarungsbeweis zu finden.

3. Das ‚Modell der konzentrischen Kreise'

Bei dieser Vorstellung wird die Kirche gedacht als ein „Übereinander von vielen je größeren Kreisen“[258]; „der innerste Kreis besteht aus den Vollmitgliedern, also den römischen Katholiken, und zwar aus jenen, die ‚den Geist Christi haben'“[259]; um das Zentrum der römisch-katholischen Kirche herum „gruppieren sich die Nichtkatholiken und die Nichtchristen bis hin zu den Atheisten“[260]. Dieses Modell umfasst im Gegensatz zu den zuvor behandelten Modellen den positiven Aspekt, dass durch die Mittelpunktstellung der römisch-katholischen Kirche ihre Einzigartigkeit und Absolutheit angemessener ausgedrückt zu sein scheint, wenngleich protestantische Vertreter meinen, „unter den real existierenden und sichtbaren christlichen Gemeinschaften darf sich keine als ‚Mitte' und ‚wahre' Kirche Christi verstehen, um die herum sich die anderen ‚Kirchen' bewegen,

---

[254] Klünder (1956), S. 65.
[255] Vgl. Schmaus (1951), S. 79ff.
[256] Vgl. D 1685f.
[257] Klünder (1956), S. 65.
[258] Galli (1964), S. 27.
[259] Beinert (1990), S. 34; vgl. auch: Schmaus (1951), S. 67.
[260] Beinert (1986), S. 20; vgl. auch: Kehl (1992), S. 415ff. u. 419.

um schließlich einmal wie diese zu werden“[261], was nach L. Scheffczyk[262] und der Lehre des Zweiten Vatikanischen Konzils der katholischen Ekklesiologie entgegensteht. Dieses ‚Modell der konzentrischen Kreise’ birgt nichtsdestotrotz die Gefahr in sich, dass man der katholischen Kirche lediglich eine besondere Stellung unter den anderen ‚Kirchen und kirchlichen Gemeinschaften’ zugesteht und damit ihre Absolutheit und Einzigartigkeit zu wenig betont. Eine weitere Gefahr könnte darin bestehen, dass man, ähnlich wie beim ‚Torten’- und ‚Baummodell’, unter Katholizität die Summe aller Kreise, d.h. aller ‚Kirchen und kirchlichen Gemeinschaften’ versteht, was bedeuten könnte, dass Protestanten genauso wie Orthodoxe oder römische Katholiken zur Kirche gehörten und sich unter Umständen nur durch unterschiedliche Nähe zu Christus als Zentrum unterscheiden würden und so gäbe es letztlich schon die Einheit trotz aller Verschiedenheiten. Dieses Verständnis von ‚katholischer Kirche’ wäre nach der Lehre des Zweiten Vatikanischen Konzils nicht akzeptabel.

Keines der soeben dargestellten und in der Literatur verwendeten Modelle hat sich als geeignet erwiesen, um das authentische Verhältnis der anderen ‚Kirchen und kirchlichen Gemeinschaften’ zur katholischen Kirche treffend zu beschreiben. Deshalb wird im Folgenden auf ein Modell verzichtet und versucht, dieser Fragestellung mit der Begrifflichkeit zu begegnen, mit der das Zweite Vatikanische Konzil das Verhältnis anderer Christen zur katholischen Kirche beschreibt.

---

[261] Vgl. Scheffczyk (1993), S. 139; unter Bezugnahme auf E. Schlink: Ökumenische Dogmatik. Grundzüge, Göttingen 1983, S. 696.
[262] Vgl. ebd., S. 139.

III. Eingliederung in die katholische Kirche und Verbundenheit mit ihr nach der Lehre des Zweiten Vatikanischen Konzils

1. Zugehörigkeit durch Eingliederung in die katholische Kirche bei römisch-katholischen Christen und unierten Ostchristen

Die Vertiefung und der Fortschritt in der Ekklesiologie des Zweiten Vatikanischen Konzils gegenüber dem früheren Verständnis über die Zugehörigkeit zur Kirche, wie es sich z.B. in ‚Mystici Corporis' widerspiegelt, wonach „den Gliedern der Kirche aber nur jene allein wirklich (reapse) beizuzählen (sind), die das Bad der Wiedergeburt empfangen haben, den wahren Glauben bekennen, und sich nicht zu ihrem Unglück von dem Gefüge des Leibes selbst getrennt haben (...)"[263], besteht nunmehr in einer „mehrstufigen Zugehörigkeit zur Kirche"[264]. Der Begriff ‚reapse et simpliciter' ist vom Konzil durch den schon zuvor z.B. von M. Schmaus[265] oder K. Rahner[266] gebrauchten Ausdruck „plene incorporatio" bzw. „plene incorporantur" (vgl. LG 14, UR 3) ersetzt worden[267], jedoch nicht, um ersteren aufzuheben, sondern um ihn zu vertiefen. Denn genauso wenig wie der subsistit-Satz in LG 8 die absolute Identität zwischen der Kirche Christi und der katholischen Kirche aufgehoben hat, hebt der ‚neue' Terminus ‚plene incorporatio' den ‚alten' Terminus ‚reapse' auf. Würden sich hingegen die

---

[263] D 3802.

[264] Kaiser (1976), S. 293.

[265] Vgl. Schmaus (1951), S. 63ff.

[266] Vgl. Rahner (1961), S. 224.

[267] Vgl. Grillmeier (1966), S. 199; Lercaro (1965), S. 258; vgl. AS II/2, 138 (Kard. R. Silva Henriquez): "Pag. 12, linn. 3-8: Verba ‚Reapse (…) et communionis' omittantur. Ratio: textus non bene cohaeret cum nuper dictis de baptismate uti ‚ianua Ecclesiae', nec cum dicendis in schemate de Oecumenismo; implicite negat fratres separatos iure dicendos esse fratres; stricte intellectus, textus negat pueros, amantes, rudes in Ecclesia versari siquidem ‚integrum eius ordinationem omniaque media salutis in Ea instituta' non agnoscunt."; eigene Übersetzung: „Die Worte ‚Reapse (...) et communionis' sollen weggelassen werden. Grund: Der Text hängt nicht gut zusammen mit dem, was neulich gesagt worden ist über die Taufe als ‚Eingang in die Kirche' und mit dem, was im Schema über den Ökumenismus gesagt werden soll; implizit wird verneint, dass die getrennten Brüder mit Recht Brüder genannt werden sollen; genau betrachtet verneint der Text, dass die Kinder, welche von Sinnen sind, sich als Anfänger in der Kirche befinden, wenn anders sie denn nicht anerkennen ‚ihre vollständige Ordnung und dass alle Heilsmittel in ihr eingerichtet sind.".

Ausdrücke widersprechen[268], so würde der Terminus ‚reapse' relativiert, was hieße, dass auch nichtkatholische Christen auf eine wie auch immer geartete ‚unvollkommene' Weise der Kirche eingegliedert wären[269], was nicht der Lehre des Konzils entspräche. Entgegen der Auffassung Grillmeiers[270] ist nämlich eine Zugehörigkeit zur Kirche nach wie vor nur bei Katholiken bzw. unierten Ostchristen, nicht aber bei den getrennten Brüdern[271], gegeben. Aus dem Zusammenhang der konziliären Texte geht nämlich lediglich eine ‚gestufte' Zugehörigkeit oder Eingliederung *innerhalb* der katholischen Kirche hervor[272]. So gehören beispielsweise die Katechumenen noch nicht zur Kirche, sondern sind mit ihr verbunden (cum Ecclesia coniuncti sunt) (vgl. AG 14); erst durch die Taufe wird eine Zugehörigkeit zur Kirche begründet[273], was ja auch zu allen Zeiten gültige katholische Lehre war[274]. Aber die „Taufe für sich genügt nicht, um den Getauften auf ‚volle und vollkommene Weise' der Vorteile der kirchlichen Gemeinschaft und der Rechte der Zugehörigkeit zur Kirche teilhaftig zu machen"[275]. Nur „jene werden der Gemeinschaft der Kirche voll eingegliedert, die (...) ihre ganze Ordnung und alle (...) Heilsmittel annehmen und ihrem sichtbaren Verband mit Christus, der sie durch den Papst und die Bischöfe leitet, verbunden sind, und dies durch die Bande des Glaubensbekenntnisses, der Sakramente und der kirchlichen Leitung und Gemeinschaft" (LG 14)[276]. Sowohl Taufe (vgl. LG 11, LG 14, LG 31, LG 64, PO 5, AG 6, SC 69), Firmung (vgl. AG 36), Eucharistie (vgl. AG 36)[277] als auch derselbe Glaube (vgl. AG 21, OE 2) und dieselbe oberhirtliche Führung (vgl. OE 2) sind also Bedingung für die volle Eingliederung, was aber noch nicht gleichbedeutend ist mit dem endgültigen Besitz des Heiles[278]. In der auf

---

268 Vgl. Schmaus (1951), S. 63ff.

269 Vgl. Kehl (1992), S. 413f.

270 Vgl. Grillmeier (1966), S. 1999.

271 Vgl. Wiltgen (1988), S. 56.

272 Vgl. Dietzfelbinger (1962), S. 92f.; Kaiser (1976), S. 296f; Beinert (1986), S. 20.

273 Vgl. Kasper (1965), S. 59; vgl. Kaiser (1976), S. 294f.

274 Vgl. Lercaro (1965), S. 259; vgl. Dekret über die Union mit den Armeniern, 22.11.1439 Konzil von Florenz; Canon 2 „Über die Buße", 24. Sitzung des Trienter Konzils.

275 Lercaro (1965), S. 258.

276 Vgl. Ruf (1989), S. 71; vgl. CIC/1983, c. 205; vgl. Verlautbarungen des Apostolischen Stuhls (110), Nr. 13 u. 99; Hilling (1951), S. 11f.; Kasper (1965), S. 57f.; Lehmann (1976), S. 275; Kehl (1992), S. 414.

277 Vgl. Sullivan (1988), S. 32; Schmaus (1951), S. 78f.

278 Vgl. Kaiser (1976), S. 297.

Robert Bellarmin zurückreichenden Kriteriologie[279] lässt sich sagen, dass sowohl das vinculum liturgicum, das vinculum symbolicum als auch das vinculum hierarchicum[280] zur vollen aktiven Kirchenzugehörigkeit erforderlich sind, wobei diese erst das bewirkt, was sie bezeichnet, wenn sich der gläubige und gehorsame Katholik im Stand der Rechtfertigungsgnade befindet[281]. Das Konzil drückt dies in LG 14 aus, wenn es sagt: „Nicht gerettet wird aber, wer, obwohl der Kirche eingegliedert, in der Liebe nicht verharrt und im Schoße der Kirche zwar ‚dem Leibe', aber nicht ‚dem Herzen' nach verbleibt"[282]. Durch die in der Taufe grundgelegte, der weiteren Entfaltung gebotenen Gliedschaft innerhalb der katholischen Kirche werden die Katholiken mit entsprechenden Rechten und Pflichten ausgestattet[283].

Das Zweite Vatikanische Konzil bezeichnet die anderen Christen als „Kirche und kirchliche Gemeinschaften" (vgl. UR 19, GS 40); gleichzeitig spricht es von „getrennten Kirchen und kirchlichen Gemeinschaften" (vgl. UR 3), von „getrennten Brüdern" (vgl. UR 1, UR 3, UR 4, UR 7, UR 8) oder „getrennten Christen" (vgl. UR 4). Weitere Varianten sind festzustellen und finden sich entsprechend dem Geist des Konzils auch in offiziellen nachkonziliaren ökumenischen Verlautbarungen der Kirche; hier stehen folgende Formulierungen: „getrennte Brüder", „getrennte Kirchen und kirchliche Gemeinschaften", „getrennte Ostchristen", „getrennte Gemeinschaften"[284]; „verschiedene christliche Gemeinschaften"[285]; oder einfach „Kirchen und kirchliche Gemeinschaften"[286]. Auch im geltenden Kirchenrecht, das in Kontinuität zum Zweiten Vatikanischen Konzil und dessen Lehre über die

---

[279] Vgl. Ratzinger (1964), S. 161f.

[280] Vgl. Rahner (1968), S. 1213.

[281] Vgl. Rahner (1961), S. 224; Kreider (1966), S. 41f.

[282] Vgl. Rahner (1968), S. 1214; die Unterscheidung zwischen ‚corde' und ‚corpore' geht auf Augustinus zurück.

[283] Vgl. CIC/1983, cc. 96, 204 § 1, 209-212 § 1, 222.

[284] Vgl. Ökumenisches Direktorium I (1967), S. 34-47.

[285] Vgl. Ökumenisches Direktorium II (1970), S. 48-61.

[286] Vgl. Verlautbarungen des Apostolischen Stuhls (27), S. 17, 24, 31, 36 u.a.; Arbeitshilfen (39), S. 10, 12-14, 24 u.a.; Verlautbarungen des Apostolischen Stuhls (110), Nr. 5, 17, 18, 22, 37, 97, 104, 107, 108 u.a. (‚Kirchen und kirchliche Gemeinschaften' als Ausdruck für den inhaltlichen Gegensatz zur katholischen Kirche: Nr. 163, 165, 167, 172, 178, 183, 194, 195, 198, 199, 204, 207, 209, 210, 214, 217, 218).

Kirche steht[287], lassen sich eine Reihe von Formulierungsvarianten feststellen: Zunächst begegnet das von der Konzilsterminologie her bekannte Begriffspaar „Ecclesiae vel communitates ecclesiales“[288] und zwar mit den Beifügungen „alii“[289] oder „non catholica“[290] wie auch mit dem Zusatz „non in plena cum Ecclesia catholica communione“[291] oder „plenam communionem cum Ecclesia catholica non habens“[292]. Ferner findet sich an zwei Stellen der Ausdruck „communitates ecclesialis“ mit der Beifügung „non catholica“[293]. Schließlich verwendet der Codex Iuris Canonici auch den einzelnen Begriff „Ecclesia“[294] ohne weitere Beifügungen, im Plural „aliae Ecclesiae“[295] oder mit dem ausdrücklichen Verweis auf die orientalischen Kirchen, die nicht in der vollen Gemeinschaft mit der katholischen Kirche stehen („Ecclesiae orientales“[296]). Aus dem Zusammenhang in c. 844 §§ 2, 3 ergibt sich, dass es sich jeweils nur um nichtkatholische Kirchen handeln kann[297]. Der Terminus ‚Kirche‘ bezieht sich demnach auf die Orientalen[298] (vgl. UR 14), während der Begriff „kirchliche Gemeinschaften“ für die Protestanten steht, d.h. für die aus der sogenannten ‚Reformation‘[299] des 16. Jh. hervorgegangenen Bekenntnisse. Mehrere Konzilsväter schlugen vor, auch diesen den Namen ‚Kirche‘ zuzueignen (z.B. Kardinal Ritter und Charles Helmsing)[300], wofür sich das Konzil jedoch nicht entschied, sondern den Begriff ‚kirchliche Gemeinschaften‘ annahm, der von Kardinal König vorgeschlagen wurde[301].

---

[287] Vgl. Codex Iuris Canonici; Praefatio, XLV; Heinemann (1987), S. 378.

[288] Vgl. CIC/1983, cc. 364, 463, 844 §§ 2-5, 908, 933, 1124, 1183 § 3.

[289] Vgl. CIC/1983, c. 364.

[290] Vgl. CIC/1983, cc. 844 § 5, 1183 § 3.

[291] Vgl. CIC/1983, c. 463 § 3.

[292] Vgl. CIC/1983, cc. 908, 933, 1124.

[293] Vgl. CIC/1983, cc. 869 § 2, 874 § 2.

[294] Vgl. CIC/1983, c. 844 § 2.

[295] Vgl. CIC/1983, c. 844 § 3.

[296] Vgl. CIC/1983, c. 844 § 3.

[297] Vgl. Heinemann (1987), S. 382ff.

[298] Vgl. Kasper (1965), S. 43ff.; vgl. auch: Schütte (1985), S. 15 (Anm. 4).

[299] Der relativierende Ausdruck „sogenannte ‚Reformation‘“ gewinnt seine Berechtigung durch die Tatsache, dass sich die Resultate dieses Geschehens eher als ‚Deformation‘ (vgl. z.B. sola-Prinzipien, Abspaltung vom Papst und der hierarchischen geordneten Gemeinschaft der Kirche, Ablehnung vieler katholischer Glaubenswahrheiten, Verlust der vollständigen Zahl der Sakramente etc.; vgl. UR 19-24) manifestieren lassen.

[300] Vgl. Stakemeier (1965), S. 544f.

[301] Vgl. Schlink (1966), S. 103; Heinemann (1987), S. 380.

Wie eben dargelegt wurde, scheut sich das Konzil keineswegs, zur Verhältnisbestimmung der ‚Kirchen und kirchlichen Gemeinschaften' distanzierende Begrifflichkeiten zu verwenden, in denen die Trennung klar zum Ausdruck kommt. Auch wenn einige Theologen für nicht katholische Christen eine „echte Zugehörigkeit zur Kirche Jesu Christi"[302] oder ein „unvollständiges Eingegliedertsein in die Kirche"[303], welches durch die Taufe grundgelegt sei[304], postulieren, muss auch unter Bezugnahme auf das zuvor Gesagte entgegengehalten werden, dass das Zweite Vatikanische Konzil bei ihnen weder implizit noch explizit von ‚Eingliederung' bzw. ‚Kirchengliedschaft' spricht. Vielmehr gebraucht das Konzil unter Berücksichtigung der bei ihnen vorzufindenden Elementen der Heiligung und der Wahrheit für die Bestimmung des dogmatischen Verhältnisses der nichtkatholischen Christen zur Kirche das Wort ‚Verbundenheit' (coniunctio)[305]. „Die Kirchen und kirchlichen Gemeinschaften (...) sind mit der katholischen Kirche (...) verbunden, da ja das christliche Volk (...) lange Zeit sein Leben in kirchlicher Gemeinschaft geführt hat" (UR 19). Obwohl das Konzil die Taufe der anderen Christen weitgehend akzeptiert[306] und es davon spricht, dass „der Mensch (...) durch das Sakrament der Taufe (...) in Wahrheit dem gekreuzigten und verherrlichten Christus eingegliedert wird" (UR 22, vgl. UR 3), redet es hinsichtlich ihres Verhältnisses zur einen und einzigen Kirche also nicht von ‚Eingliederung' oder ‚Gliedschaft', sondern von ‚Verbundenheit', denn „mit jenen, die durch die Taufe der Ehre des Christennamens teilhaft sind, den vollen Glauben aber nicht bekennen oder die Einheit der Gemeinschaft unter dem Nachfolger Petri nicht wahren, weiß sich die Kirche (...) verbunden" (LG 15). Für eine gestufte Eingliederung bis hin zur vollen Inkorporation ist eben nicht nur die gültige Taufe[307], sondern auch die Hinordnung, Offenheit und Annahme des vollen Glaubensbekenntnisses, der sakramentalen Gemeinschaft und der kirchlichen Leitung notwendig[308] (vgl. UR 22). Weil bei der Taufe getrennter Christen im Grunde genommen von vornherein auf der Basis ihrer eigenen

[302] Lehmann (1976), S. 275.
[303] Grillmeier (1966), S. 199.
[304] Vgl. Kaiser (1976), S. 298f.
[305] Vgl. Schmaus (1951) / Nachtrag von 1979, S. 82; Kehl (1992), S. 414; Kreider (1966), S. 42ff.
[306] Vgl. CIC/1983, c. 869 § 2.
[307] Vgl. Arbeitshilfen (39), S. 7.
[308] Vgl. Bea (1963), S. 41ff.

Doktrin keine Offenheit für das volle Glaubensbekenntnis, die sakramentale Gemeinschaft und die kirchliche Leitung gegeben ist, „fehlt ihnen die aus der Taufe hervorgehende volle Einheit mit uns" (UR 22), was freilich nicht unwiderruflich ist. Zusammenfassend kann nun sicher festgestellt werden, dass die „getrennten Brüder, sowohl als einzelne wie auch als Gemeinschaften und Kirchen betrachtet" (UR 3) mit der katholischen Kirche in einer „gewissen, wenn auch nicht vollkommenen Gemeinschaft" (UR 3, UR 4) bzw. ‚coniunctio' (vgl. UR 8) stehen[309]. „Viele nämlich halten die Schrift als Glaubens- und Lebensnorm in Ehren, zeigen einen aufrichtigen religiösen Eifer, glauben in Liebe an Gott, den allmächtigen Vater, und an Christus, den Sohn Gottes und Erlöser, empfangen das Zeichen der Taufe, wodurch sie mit Christus verbunden werden; ja sie anerkennen und empfangen auch andere Sakramente in ihre eigenen Kirchen oder kirchlichen Gemeinschaften. Mehrere unter ihnen besitzen einen Episkopat, feiern die heilige Eucharistie und pflegen die Verehrung der jungfräulichen Gottesmutter. Dazu kommt die Gemeinschaft im Gebet und in anderen geistlichen Gütern; ja sogar eine wahre Verbindung im Heiligen Geiste, der in Gaben und Gnaden auch in ihnen mit seiner heiligenden Kraft wirksam ist und manche von ihnen bis zur Vergießung des Blutes gestärkt hat" (LG 15). Es kann jedoch nach dem Sprachgebrauch des Zweiten Vatikanischen Konzils bei ihnen keine ‚Eingliederung' oder ‚Zugehörigkeit' zur katholischen Kirche konstatiert werden. Angedeutet wird dies auch durch die auf Trennung insistierende konziliäre Terminologie hinsichtlich dieser ‚Kirchen und kirchlichen Gemeinschaften', wenngleich betont werden muss, dass zwischen den getrennten Ostkirchen und der katholischen Kirche eine engere Verwandtschaft und Nähe (vgl. UR 15) als zwischen den aus der sogenannten ‚Reformation' des 16. Jh. hervorgegangenen kirchlichen Gemeinschaften und der katholischen Kirche besteht. Denn „zwei besondere Kategorien von Spaltungen, durch die der nahtlose Leibrock Christi getroffen wurde" (UR 13), sind zu verzeichnen. „Sicher ist nach katholischer Auffassung zwischen jenen Gemeinschaften, die von gültig geweihten Bischöfen, die in apostolischer Nachfolge stehen, geleitet werden und alle Sakramente gültig besitzen, und jenen anderen, die diese Elemente zum

[309] Vgl. Kehl (1992), S. 413f; Verlautbarungen des Apostolischen Stuhls (110), Nr. 3, 18, 104, 129.

größeren Teil entbehren, ein Unterschied zu machen."[310] Dennoch lehnt die katholische Kirche, wie auch bei den anderen Religionen (vgl. NA 2), nichts ab, „was sich nämlich an Gutem und Wahrem bei ihnen findet" (LG 16) und schätzt all das hoch ein, was „zur Erfüllung derselben Aufgabe die anderen christlichen Kirchen und kirchlichen Gemeinschaften in Zusammenarbeit beigetragen haben und noch beitragen" (GS 40). Ausgehend von dieser grundsätzlichen Verhältnisbestimmung, sollen nun wichtige Gemeinsamkeiten, Unterschiede und das dogmatische Verhältnis der getrennten Ostkirchen zur katholischen Kirche einerseits und der aus der sogenannten ‚Reformation' des 16. Jh. hervorgegangenen kirchlichen Gemeinschaften zur katholischen Kirche andererseits, dargelegt werden. Auf die Notwendigkeit einer Unterscheidung zwischen Ostkirchen und protestantisch kirchlichen Gemeinschaften wurde bereits aufmerksam gemacht.

2. Die getrennten Ostkirchen in ihren grundsätzlichen Gemeinsamkeiten, Unterschieden und ihren dogmatischen Verhältnis zur Katholischen Kirche

Die orthodoxe Kirche, die sich von den orientalischen Nationalkirchen unterscheidet, setzt sich „je nach Zählung aus 13-15 voneinander rechtlich und verwaltungsmäßig unabhängigen (‚autokephalen'), aber in Liturgie, Glaubensbekenntnis und Kommuniongemeinschaft geeinten Landeskirchen zusammen"[311]. Die getrennten Ostkirchen (vgl. OE 27, OE 30, UR 14) sind in der katholischen Kirche nicht nur hoch geschätzt (vgl. OE 1), sondern sind mit ihr „in ganz enger Verwandtschaft bis heute (...) verbunden" (UR 15)[312], da sie „trotz ihrer Trennung wahre Sakramente besitzen, (...) das Priestertum

[310] Stakemeier (1965), S. 568.

[311] Stobbe, I (1988), S. 899.

[312] Vgl. AAS 1971, S. 814 (Gemeinsame Erklärung von Papst Paul VI. und Patriarch Mar Ignatius Yacoub III. vom 27.10.1971); vgl. Piffle-Percevic (1984), S. 114-130; Schütte (1985), S. 15; Verlautbarungen des Apostolischen Stuhls (110), Nr. 98; KKK (1992), Nr. 838: „Die Gemeinschaft mit den orthodoxen Kirchen ist so tief, ‚dass ihr nur wenig fehlt, um zu der Fülle zu gelangen, die zu einer gemeinsamen Feier der Eucharistie des Herrn berechtigt' (Paul VI., Ansprache vom 14.12.1975)".

und die Eucharistie“ (UR 15, vgl. OE 25)[313], „vor allem kraft der apostolischen Sukzession“[314], die sie bewahrt haben. „Sie akzeptieren die Beschlüsse der sieben ökumenischen Konzilien des ersten Jahrtausends“[315]. Auch das trinitarische Kirchenverständnis, wie es im ersten Teil dieser Arbeit gemäß der Lehre des zweiten Vatikanischen Konzils dargelegt wurde, entspricht weitgehend dem der Orthodoxie[316]. So sehr man aber die „brüderliche Bande“[317] und die Gemeinsamkeiten in der „bischöflichen Sendungsnachfolge und damit im Priestertum und in der Eucharistie“[318] betont, so darf man den Grund der Trennung nicht unterbewerten, denn die volle Petrinität[319], ein Mittel der Heiligung und der Wahrheit, das wesentlich zur Kirche gehört, wird von den orthodoxen Kirchen abgelehnt. Näherhin leugnet man den Jurisdiktionsprimat und die Infallibilität des Papstes, was aber für die Leitung der einen und einzigen Kirche von eminenter Wichtigkeit ist. Die weitreichenden Folgen und Auswirkungen dieser Ablehnung erstrecken sich auf die Glaubenslehre; so wird z.B. das ‚Filioque' als Zusatz ins Glaubensbekenntnis durch Papst Benedikt VIII. im 11. Jh. oder die Lehre vom Fegefeuer abgelehnt. Entsprechend werden auch die Mariendogmen von 1854 und 1950 nicht akzeptiert[320]. Auf Grund dieser Differenzen kann bei der dogmatischen Verhältnisbestimmung der getrennten Ostkirchen zur katholischen Kirche, die allein über die Fülle der Heilsmittel verfügt, nur eine *enge Verbundenheit* (coniunctio) konstatiert werden.

---

313 Larentzakis (1984), S. 96.

314 Verlautbarungen des Apostolischen Stuhls (110), Nr. 122; vgl. Döring (1988), S. 456.

315 Eigene Übersetzung, Sullivan (1988), S. 51: „These include the churches that use the title ‚Orthodox' (those that accept the decisions of the seven ecumenical councils of the first millennium), as well as others, such as the Nestorian and Coptic churches, which rejected one or another of these councils.".

316 Vgl. Schulz (1986), S. 359f.

317 Wiltgen (1988), S. 56; unter Bezugnahme auf Kardinal Cicognani.

318 Schütte (1991), S. 155.

319 Balthasar (1977), S. 149.

320 Schütte (1991), S. 158ff.

3. Die aus der sogenannten ‚Reformation' des 16. Jh. hervorgegangenen kirchlichen Gemeinschaften in ihren grundsätzlichen Gemeinsamkeiten, Unterschieden und ihrem dogmatischen Verhältnis zur katholischen Kirche

Die aus der sogenannten ‚Reformation' des 16. Jh. und in späterer Zeit entstandenen kirchlichen Gemeinschaften teilen sich in verschiedene „Weltfamilien"[321] auf: die Anglikaner, die Baptisten, die Kongregationalisten, die Lutheraner, die Methodisten und die Presbyteraner (darunter die Reformierten), denen noch die „Disciples of Christ" zugezählt werden. All diese Gruppierungen differenzieren sich zu Hunderten und Tausenden in verschiedene Denominationen. Der ‚Ökumenische Rat der Kirchen' (ÖRK) umfasst derzeit über 300 meist protestantische ‚Mitgliedskirchen' und ist „nach einer treffenden Aussage von E. Schlink (...) ‚wohl das paradoxeste Gebilde der bisherigen Kirchengeschichte' (...). Gemäß der Verfassung von 1948 und der Basisformel versteht er sich als ‚eine Gemeinschaft von Kirchen, die unseren Herrn Jesus Christus als Gott und Heiland anerkennen'"[322]. Wenn diese Formel als der gemeinsame Nenner aller ‚Mitgliedskirchen' gilt, ist leicht zu erkennen, welche Schwierigkeiten entstehen, wenn man im allgemeinen von ‚Protestantismus' spricht, denn die Nuancierungen sind so vielfältig, dass man kaum eine dieser Gemeinschaften mit einer anderen identifizieren kann. Das soeben skizzierte Problem ergab sich auch bei der Erstellung eines Konzilsschemas über den Ökumenismus; „es sei kaum möglich, meinte Erzbischof-Koadjutor Paul Gouyon, die so sehr verschiedenen aus der Reformation des 16. Jh. hervorgegangenen Gemeinschaften, in einem Abschnitt gemeinsam zu behandeln"[323]. „Eine Einzelaufzählung der Elemente ist unmöglich wegen der Verschiedenheit der Kirchen und Kirchengemeinschaften."[324] Dennoch macht das Zweite Vatikanische Konzil in seinen Dokumenten grundsätzliche Aussagen über Gemeinsamkeiten, Unterschiede und das dogmatische Verhältnis dieser kirchlichen Gemeinschaften zur katholischen Kirche. Bei ihnen sind „vielfältige Elemente der Heiligung und der Wahrheit zu finden"

---

[321] Stobbe, I (1988), S. 899.

[322] Stobbe, II (1988), S. 903f.

[323] Stakemeier (1965), S. 557.

[324] Ebd., S. 548.

(LG 8), so „das geschriebene Wort Gottes, das Leben der Gnade, Glaube, Hoffnung und Liebe und andere innere Gaben des Heiligen Geistes und sichtbare Elemente“ (UR 3). Allerdings wird betont, dass sie diese Elemente durch die katholische Kirche erhalten haben, denn sie gelten als der Kirche Christi, d.h. als der katholischen Kirche, eigene Gaben (vgl. LG 8, UR 3), „deren Wirksamkeit sich von der der katholischen Kirche anvertrauten Fülle der Gnade und Wahrheit herleitet“ (UR 3). „Dennoch erfreuen sich die von uns getrennten Brüder (...) nicht jener Einheit (...), die die Heilige Schrift und die verehrungswürdige Tradition der Kirche bekennt“ (UR 3), denn bei ihnen fehlt nicht nur das einheitsstiftende Papst- und Bischofsamt, wenn man davon ausgeht, dass die Verbundenheit gültig geweihter Bischöfe mit dem Papst unabdingbar zum Wesen des apostolischen Amtes dazugehört, sondern es ist bei ihnen auch ein Großteil der Sakramente, die an das Bischofs- und Priesteramt gebunden sind (vgl. UR 20, UR 22), verlorengegangen. Folglich entstehen große Unterschiede, „nicht nur in historischer, soziologischer, psychologischer und kultureller Beziehung, sondern vor allem in der Interpretation der geoffenbarten Wahrheit“ (UR 19), „wobei nach dem katholischen Glauben das authentische Lehramt bei der Erklärung und Verkündigung des geschriebenen Wortes Gottes einen besonderen Platz einnimmt“ (UR 21). So existieren nicht geringe Differenzen zur katholischen Lehre hinsichtlich des „fleischgewordenen Wortes und über das Werk der Erlösung, sodann über das Geheimnis und den Dienst der Kirche und über die Aufgabe Mariens im Heilswerk“ (UR 20). Das im Protestantismus nach wie vor existierende ‚sola-Scriptura'-Prinzip ist kirchentrennend, denn die Heilige Überlieferung, die Heilige Schrift und das authentische Lehramt gehören engstens zusammen. Bleibt eine dieser Quellen unbeachtet, kann defizitäre Wahrheitserkenntnis die Folge sein. Ähnliches gilt von den anderen sola-Prinzipien. Mit der Ablehnung bzw. des realen Defizits der personalen apostolischen Sukzession[325], die als konstitutive Dimension des geistlichen Amtes gilt, bei der nur ein Bischof durch Handauflegung und Gebet einen Bischof (Priester, Diakon) weihen kann und deren Kette von Handauflegungen letztlich auf die Apostel zurückgeht[326], wird die dem Willen Gottes gemäße und durch den dreieinigen Gott selbst errichtete kirchliche

[325] Vgl. Balthasar (1977), S. 149; Weissgerber (1963), S. 161, 348ff.; Schütte (1974), S. 120, 430.
[326] Vgl. Löser (1986), S. 93.

Hierarchie[327] abgelehnt bzw. ist nicht existent. Daraus ergibt sich auch das Fehlen zahlreicher Sakramente (Firmung, Eucharistie, Beichte, Krankensalbung, Ordo, Ehe)[328]. Es ist in diesem Zusammenhang nicht einzusehen, wie H. Schütte meint, dass Luthers Sakramentenverständnis nicht eindeutig kirchentrennend sei[329], nachdem er sogar festgestellt hat, dass Luther offensichtlich die Transsubstantiation bezüglich der Eucharistie verurteilte[330], zumal die Eucharistie kirchenkonstitutiv und Ausdruck der vollen Realität der Kirche ist[331]. Die eucharistische Gemeinschaft ist im Gegenteil das Ziel der ökumenischen Einheit (vgl. UR 4) und weil bei den protestantischen Gemeinschaften die „ursprüngliche und vollständige Wirklichkeit des eucharistischen Mysteriums nicht bewahrt“ worden ist (UR 22), ist „für die katholische Kirche die eucharistische Interkommunion mit diesen Gemeinschaften nicht möglich“[332]. „Beim Empfang des Sakramentes der Eucharistie kann die Gemeinschaft mit Christus, dem Haupt, niemals von der Gemeinschaft mit seinen Gliedern, das heißt mit seiner Kirche, getrennt werden. Deshalb ist das Sakrament unserer Vereinigung mit Christus auch das Sakrament der Einheit der Kirche. Ein Kommunionempfang im Gegensatz zu den Normen der kirchlichen Gemeinschaft ist deshalb ein in sich widersprüchlicher Akt. Die sakramentale Gemeinschaft mit Christus beinhaltet den Gehorsam gegenüber der Ordnung der kirchlichen Gemeinschaft (...).“[333] Weil die Communio unabdingbar zum Wesen der Kirche gehört und weil aber die eucharistische Feier und der Empfang der

---

[327] Vgl. Bea (1963), S. 81.

[328] Vgl. Schütte (1985), S. 47; Bea (1963), S. 81; Verlautbarungen des Apostolischen Stuhls (110), Nr. 101, 129.

[329] Vgl. Schütte (1985), S. 59.

[330] Vgl. ebd., S. 47.

[331] Vgl. Sullivan (1988), S. 32: „What about the others that are called ‚ecclesial communities'? The distinction is based on what may be called a principle of ‚eucharistic ecclesiology': i.e., there is not the full reality of church where there is not the full reality of the Eucharist.“; eigene Übersetzung: „Was ist mit den anderen, die ‚kirchliche Gemeinschaften' genannt werden? Die Unterscheidung basiert auf dem, was man ein Prinzip ‚eucharistischer Ekklesiologie' nennen könnte: d.h. dort ist nicht die volle Realität der Kirche, wo nicht die volle Realität der Eucharistie ist.“.

[332] KKK (1992), Nr. 1400; vgl. CIC/1983, c. 844; vgl. Verlautbarungen des Apostolischen Stuhls (110), Nr. 129.

[333] Schreiben der Kongregation für die Glaubenslehre „Über den Kommunionempfang von wiederverheirateten geschiedenen Gläubigen“ (vom 14.09.1994), veröffentlicht am 14.10.1994. In: Deutsche Tagespost Nr. 123. (15.10.1994), S. 4.

heiligen Kommunion diese Gemeinschaft auf vorzüglichste Weise erzeugt, ist die Ablehnung, Nichtexistenz oder ein andersgeartetes die Realpräsenz leugnendes Verständnis der Eucharistie, wodurch eine gemeinsame Eucharistie- und Kommunionfeier nicht möglich sein kann (s.o.), im wahrsten Sinne des Wortes gemeinschafts- und damit kirchentrennend. Auch wenn in vielen ‚reformatorischen' Gemeinschaften die Beschlüsse der ersten Konzilien anerkannt sein sollen, worunter auch die Lehre von der Jungfrau Maria als Mutter Gottes (vgl. Konzil von Ephesus, 431) klar enthalten ist[334], wird dort die „Marianität" prinzipiell abgelehnt[335]. Obwohl vereinzelt Marienverehrung vorhanden ist[336], gelten doch die mariologischen Dogmen Pius IX. und Pius XII. als „Vertiefung des Grabens" zwischen der katholischen Kirche und protestantischen Gemeinschaften[337]. Letztlich wird im Protestantismus die sich weitgehend über die gesamte Kirchengeschichte erstreckende Tradition der Heiligen- und Marienverehrung als Mittel und Hilfe zum Heil abgelehnt; vielmehr meint man dort, stärker die Unmittelbarkeit des Glaubenden zu Gott betonen zu müssen[338]. Wenn sicherlich die spezifischen Inhalte und Lehren verschiedenster Gemeinschaften unterschiedlich ausfallen mögen und die einen in singulären Angelegenheiten des Glaubens, der Sakramente, der kirchlichen Leitung und der Disziplin der katholischen Kirche näher erscheinen als andere[339], was wegen des beschränkten Umfangs dieser Arbeit nicht weiter ausgeführt werden kann, so sind doch die oben beschriebenen Gemeinsamkeiten und Unterschiede von grundsätzlicher Bedeutung für die dogmatische Verhältnisbestimmung der kirchlichen Gemeinschaften zur katholischen Kirche. Mit all diesen weiß sich die Kirche *verbunden* (vgl. LG 15), „denn wer an Christus glaubt und in rechter Weise die Taufe empfangen hat, steht dadurch in einer gewissen, wenn auch nicht vollkommenen Gemeinschaft mit der katholischen Kirche" (UR 3). Durch diese Verbundenheit sind die aus der sogenannten ‚Reformation' des 16. Jh. und in späterer Zeit entstandene kirchliche Gemeinschaften auf die eine und einzige Kirche hingeordnet.

---

[334] Vgl. Bea (1963), S. 89.

[335] Vgl. Balthasar (1977), S. 149.

[336] Vgl. Semmelroth (1966), S. 113; Verlautbarungen des Apostolischen Stuhls (75), Nr. 30.

[337] Vgl. Schlink (1966), S. 196.

[338] Vgl. Arbeitshilfen (52), S. 18-22.

[339] Vgl. Klein (1986), S. 384-408.

IV. Der ekklesiologische Charakter[340] und die Heilsbedeutung der von der katholischen Kirche getrennten ‚Kirchen und kirchlichen Gemeinschaften'

Das dogmatische Verhältnis der ‚Kirchen und kirchlichen Gemeinschaften' zur einen und einzigen katholischen Kirche Christi ist dargelegt worden, um angesichts der bestehenden Gemeinsamkeiten und Unterschiede auf die Herkunft der in ihnen zu verzeichnenden Mittel der Heiligung und der Wahrheit, die der Kirche Christi eigen sind, einzugehen. Betrachtet man diese ‚Kirchen und kirchlichen Gemeinschaften' im Folgenden für sich, so stellt sich nach A. Grillmeier die „Frage der ‚Kirchlichkeit' der nichtkatholischen ‚Kirchen' und Gemeinschaften"[341], welche Grillmeier im ersten Kapitel der Dogmatischen Konstitution über die Kirche nicht zu Ende geführt sieht. Sind jene ‚Kirchen und Gemeinschaften' ontologisch gesehen ‚Kirche', d.h. sind sie ihrem Wesen nach ‚Kirche'? Wenn nicht, wodurch ist der Name ‚Kirche' oder das Adjektiv ‚kirchlich' gerechtfertigt? Auf der Grundlage der im bisherigen Verlauf dieser Arbeit zu einem zusammenhängenden Konzept verarbeiteten ekklesiologischen Konzilsaussagen und deren dogmatisch-ekklesiologischen Rezeption können diese Fragen im Folgenden beantwortet werden.

1. Der ekklesiologische Charakter der getrennten Ostkirchen

Das Zweite Vatikanum hat der getrennten östlichen Christenheit den Namen ‚Kirche' gegeben und zugestanden. Das Unterscheidungskriterium gegenüber den im nächsten Abschnitt zu behandelnden protestantischen Gemeinschaften ist die apostolische Sukzession[342]. Diese ist aber qualitativ von der apostolischen Sukzession, auf die sich die katholische Kirche beruft, in der Weise zu unterscheiden, dass diese im Rahmen eines Schismas eine gewisse Einbuße erlitten hat. Die orthodoxen Bischöfe sind zwar gültig, aber auf Grund des schismatischen Verhältnisses in Ermangelung des päpstlichen Mandats unerlaubt geweiht und stehen deshalb nicht in der vollen

---

[340] Vgl. Kasper (1965), S. 42.

[341] Grillmeier (1966), S. 175.

[342] Vgl. Heinemann (1987), S. 380.

Gemeinschaft mit dem Papst als Stellvertreter Christi, dem Bischofskollegium und damit auch nicht in der vollen Gemeinschaft der katholischen Kirche. Weil aber die Einheit mit der gottgewollten kirchlichen Hierarchie gemäß dem lateinischen Credo[343] ein Wesensmerkmal der Kirche ist (vgl. LG 8), kann die orthodoxe Kirche nicht wahrhaft und wesensmäßig als ‚Kirche' bezeichnet werden; auch deshalb nicht, weil es sonst auf Grund der Trennung zwischen ihr und der katholischen Kirche zwei Kirchen gäbe, was paradox wäre. Obwohl man die Orthodoxie aus verständlichen Gründen als ‚Kirche' bezeichnen möchte und bezeichnet[344], *ist* sie ontologisch gesehen aber nicht die eine und einzige ‚Kirche', weil sie nicht die Fülle, sondern lediglich wichtige Elemente der Heiligung und der Wahrheit umfasst. Aber aus diesem Grund erhält sie, was lange Zeit nicht üblich war, die Bezeichnung ‚Kirche' (vgl. jedoch die im Resümee angesprochene nominalistische Problematik).

2. Der ekklesiologische Charakter der protestantisch kirchlichen Gemeinschaften

Die Kirche als „sacramentum" unterscheidet W. Kasper in „res sacramenti" und „sacramentum tantum", wobei seiner Meinung nach die nichtkatholischen kirchlichen Gemeinschaften (Protestanten) hinsichtlich der „res sacramenti" ‚Kirche' darstellen könnten[345]. Wie bereits oben zu sehen war, kann aber von der Kirche als ‚sacramentum' nur in analoger Weise gesprochen werden, weshalb hinsichtlich der ‚res sacramenti' von den nichtkatholischen kirchlichen Gemeinschaften ‚Kirchlichkeit' *analog* verstanden werden kann[346]. Obwohl „mehrere christliche Gemeinschaften vor den Menschen den Anspruch erheben, das wahre christliche Erbe Jesu Christi darzustellen (...)" und sich „Kirche und Kirche Gottes nennen" (UR 1), ist es nach römisch-katholischer Lehre nicht möglich, andere christliche Gemeinschaften im eigentlichen Sinn ‚Kirche' zu nennen[347]. Von ihrem Wesen her sind diese

---

343 Vgl. Nicäno-Konstantinopolitanisches Glaubensbekenntnis (D 150); vgl. KKK (1992), Nr. 811-822.

344 Vgl. Stakemeier (1963), S. 270.

345 Vgl. Kasper (1965), S. 58.

346 Vgl. ebd., S. 62; Schmaus (1951), S. 81; Beinert, II (1964), S. 555f.

347 Vgl. Beinert, II (1964), S. 555f.

kirchlichen Gemeinschaften nicht ‚Kirche', sondern sie besitzen – qualitativ und quantitativ weniger als die Orthodoxen – *nur* Elemente der Heiligung und der Wahrheit[348], die lediglich erlauben, bei ihnen von einer „grundsätzlichen Hingeordnetheit, Unterworfenheit der Kirche gegenüber"[349] zu sprechen. Nach all dem bisher Gesagten ist im dogmatischen Sinn die eine und einzige wahre Kirche nur dort vorhanden, wo ein erlaubt gültig geweihter, in der personalen apostolischen Amtsnachfolge stehender Bischof vorhanden ist[350], der durch seine Einheit mit Papst und Weltepiskopat die Einheit der einen ungeteilten einzig wahren Kirche repräsentiert. Deshalb können protestantische kirchliche Gemeinschaften weder als ‚Kirche' bezeichnet werden, noch im ontologischen Sinn wahrhaft Kirche sein[351], denn bei ihnen fehlt die apostolische Sukzession bzw. ist höchst umstritten, jedenfalls sicher nicht eingebettet in den päpstlichen Primat. J. Hamer hat „einige Jahre nach Abschluss des Konzils die Feststellung getroffen, das Zweite Vatikanische Konzil habe in keiner Weise die protestantischen Kirchen als Kirchen anerkannt, ‚weder explizit noch implizit'"[352] (vgl. UR 3).

3. Die Heilsbedeutung der getrennten ‚Kirchen und kirchlichen Gemeinschaften' im Allgemeinen

Wie bereits dargestellt befinden sich in den getrennten ‚Kirchen und kirchlichen Gemeinschaften' lediglich mehr oder weniger viele Elemente der Heiligung und der Wahrheit. Die Fülle der Elemente, die auf den dreieinigen Gott zurückzuführen sind, befinden sich in der katholischen Kirche und gelten auch als Gnadengaben, die dem Menschen geschenkt sind, um ‚sicher'[353] das Heil und Ziel des Lebens zu erreichen. Nun ist diese ‚Sicherheit' bei

---

[348] Vgl. Notation der Glaubenskongregation zu L. Boff, a.a.O.

[349] Rahner (1968), S. 1213; vgl. auch: Löser (1986), S. 338; Scheffczyk (1993), S. 142; Verlautbarungen des Apostolischen Stuhls (110), Nr. 22, 92.

[350] Vgl. Stakemeier (1963), S. 170.

[351] Vgl. ebd., S. 171; Schmaus (1951), S. 80f.

[352] Heinemann (1987), S. 381; unter Bezugnahme auf J. Hamer: Die ekklesiologische Terminologie des Vaticanum II und die protestantischen Ämter, Catholica 26 (1972), S. 146-153.

[353] Ausdrücke ‚sicher/Sicherheit' nur insofern als man die Gnadenmittel kennt, nutzt, mitwirkt und auf die Verheißungen Gottes vertraut; nicht im Sinne eines äußeren Automatismus zu verstehen.

Angehörigen getrennter ‚Kirchen und kirchlichen Gemeinschaften' gewissermaßen eingeschränkt auf Grund eines mehr oder weniger großen Verlustes an Elementen der Heiligung und der Wahrheit und damit an „Gnaden, die ihnen aus der sichtbaren Zugehörigkeit zur Kirche zukämen, z.B. aus den Sakramenten der Kirche, aus der Klarheit und Bestimmtheit der religiösen Lehre, aus einer sichtbaren Leitung und Führung ihres religiösen Lebens"[354]. Rein qualitativ haben Angehörige getrennter ‚Kirchen und kirchlicher Gemeinschaften' mangels der Fülle an Heilsmitteln eine schlechtere Voraussetzung zur Erlangung des Heils, woraus prinzipiell zu folgern ist, dass bei gleichem Bemühen und gleicher Offenheit für Gottes Gnade von Seiten der Gläubigen die Heilsbedeutung der getrennten ‚Kirchen und kirchlichen Gemeinschaften, geringer ist als die der katholischen Kirche. Das heißt freilich keineswegs, dass die Katholiken ‚automatisch' das Heil erlangen (vgl. LG 14) oder etwa schon im endgültigen Besitz des Heiles wären[355]. Wer aber die katholische Kirche „ohne Schuld nicht kennt, Gott aber aus ehrlichem Herzen sucht, (...) kann das ewige Heil erlangen" (LG 16); umgekehrt können diejenigen nicht gerettet werden, „die um die katholische Kirche und ihre von Gott gestiftete Heilsnotwendigkeit wissen, in sie aber nicht eintreten oder in ihr ausharren wollten" (AG 7, LG 14). Das Heil hängt also engstens mit der katholischen Kirche zusammen, zumal sie jegliches Heil direkt oder indirekt vermittelt; auch das Heil, das die Angehörigen getrennter ‚Kirchen und kirchlicher Gemeinschaften' erlangen können, verdanken sie letztlich der katholischen Kirche, weil ja alle bei ihnen befindlichen Heilsmittel aus der katholischen Fülle stammen. Demnach ist die Heilsbedeutung dieser ‚Kirchen und kirchlichen Gemeinschaften' eine relative, d.h. sie haben sie auf Grund der dort mehr oder weniger vorhandenen Heilsmittel, durch die der dreieinige Gott wirken möchte[356].

Zusammenfassend kann mit dem Wortlaut des Zweiten Vatikanischen Konzils festgestellt werden, dass „die getrennten Kirchen und Gemeinschaften, auch wenn sie, wie wir glauben, mit jenen Mängeln behaftet sind, keineswegs ohne Bedeutung und Gewicht im Geheimnis des Heiles

---

354 Bea (1963), S. 81.

355 Vgl. Kaiser (1976), S. 297.

356 Vgl. Stakemeier (1963), S. 171 u. 547; Verlautbarungen des Apostolischen Stuhls (110), Nr. 104.

sind. Denn der Geist Christi weigert sich nicht, sie als Mittel des Heiles zu gebrauchen, deren Kraft sich von der Fülle der Gnade und Wahrheit herleitet, die der katholischen Kirche anvertraut ist“ (UR 3). Trotzdem ist ihre Heilsbedeutung in Ermangelung der Fülle eine eingeschränkte und relative, die dadurch einhergehen kann mit gewissen Unsicherheiten und Gefahren hinsichtlich der Wahrheitserkenntnis und der Heiligung des Lebens.

V. Die Einheit der einen Kirche angesichts der Existenz anderer ‚Kirchen und kirchlicher Gemeinschaften' unter ökumenischem Aspekt

Angesichts der Mahnung des Herrn zur Einheit und der damit verbundenen Glaubwürdigkeit der Jünger vor der Welt (vgl. Joh 17,21) ist die Kirche, die vom dreieinigen Gott ins Leben gerufen wurde, ebenfalls zur Einheit und Einheitlichkeit verpflichtet. Gerade auf Grund der zuvor vor Augen gestellten Gefahren und Unsicherheiten bei der Erlangung des Heils, zu dem ja alle Menschen gelangen sollen, stellt sich doch die Frage, ob nicht alles Mögliche unternommen werden soll, um auch die Menschen anderer ‚Kirchen und kirchlicher Gemeinschaften', die ja schon mit der katholischen Kirche verbunden sind, dazu zu bewegen, sich in den Schoß der Kirche rufen zu lassen (vgl. SC 1). „Denn nur durch die katholische Kirche Christi, die das allgemeine Hilfsmittel des Heiles ist, kann man Zutritt zu der ganzen Fülle der Heilsmittel haben. Denn einzig dem Apostelkollegium, an dessen Spitze Petrus steht, hat der Leib Christi auf Erden zu konstituieren, welche alle völlig eingegliedert werden müssen, die schon auf irgendeine Weise zum Volk Gottes gehören“ (UR 3). Nach Kardinal Bea tragen „unsere getrennten Brüder (...) in sich das fundamentale Bedürfnis, ihr voll anzugehören (...)“[357] und E. Ruffini bittet darum, den herzlichen Wunsch aussprechen zu dürfen, „daß unsere Brüder, die leider immer noch von uns getrennt sind, was wir nicht leugnen können, zurückkehren und die heilige, apostolische, römische Kirche umarmen, von der sich ihre Väter viele Jahrhunderte zuvor losgerissen haben“[358]. „Entsprechend sprachen die Päpste bis in die allerjüngste Zeit von der Rückkehr der nichtkatholischen Christen in den

[357] Bea (1963), S. 43.

[358] Ruffini (1965), S. 633.

Schoß der Kirche."[359] In diesem Anliegen sollte auch viel gebetet werden[360]. Allerdings stieß die Vorstellung eines ‚Rückkehrökumenismus' vielfach auf Widerstand[361], was nicht davon abhalten sollte, den klaren Optionen des Zweiten Vatikanischen Konzils Gehör zu verschaffen und sie über die Meinungen jener Theologen zu stellen. Das Konzil wünscht nämlich die „Wiedervereinigung aller Christen in der Einheit der einen und einzigen Kirche Christi" (UR 4, UR 24), darüber hinaus auch, „die ganze Menschheit (...) unter dem einen Haupt Christi" (LG 13, vgl. IM 3) in der katholischen Kirche zusammenzufassen. Dabei „muss ihre ökumenische Betätigung ganz und echt katholisch sein" (UR 24), „die gesamte Lehre muss klar vorgelegt werden. Nichts ist dem ökumenischen Geist so fern wie jener falsche Irenismus, durch den die Reinheit der katholischen Lehre Schaden leidet und ihr ursprünglicher und sicherer Sinn verdunkelt wird" (UR 11). Denn ein fruchtbarer ökumenischer Dialog kann nur so beginnen, dass man sich nicht nur die Gemeinsamkeiten, sondern auch die bestehenden Unterschiede bewusst macht[362] und die Gegensätze keineswegs, wie manche meinen, durch Entkräftung früherer Lehrverurteilungen[363], verdunkelt. Die Einheit mit dem Papst und den mit ihm kollegial verbundenen Bischöfen, die Einheit im ungebrochenen Glauben, die Einheit im Sakramentenempfang[364] und die Einheit im Verständnis der Bedeutung Marias und der Heiligen kann nur durch Rückkehr[365] in die sichtbare Struktur der katholischen Kirche erreicht werden. Alle anderen Bemühungen um eine etwaige „korporative Vereinigung in der Unterschiedenheit"[366] führen letzten Endes nicht zu wahrer Einheit, weil in solchem Fall beispielsweise die eucharistische Gemeinschaft als Ziel der Ökumene (vgl. UR 4) und Ausdruck wahrer Einheit noch nicht möglich wäre, denn der Kommunionempfang setzt die Eingliederung in die eine und einzige Kirche und den Gehorsam gegenüber der römisch-katholischen Ordnung voraus (vgl. Anm. 333). Ungeachtet dessen existieren ja innerhalb des

---

[359] Kasper (1965), S. 44.

[360] Vgl. Fares (1965), S. 625.

[361] Vgl. Schlink (1966, S. 114; Schütte (1985), S. 23 u. 172; unter Bezugnahme auf J. Ratzinger: Kirche, Ökumene und Politik, Einsiedeln 1987, S. 117.

[362] Schlink (1966), S. 121.

[363] Vgl. Schütte (1991), S. 173.

[364] Johannes Paul II., Katechese, OR vom 17.04.1992 (Nr. 16/17).

[365] Vgl. Schlink (1966), S. 109 u. 113f.

[366] Schütte (1985), S. 24; unter Bezugnahme auf J. Ratzinger.

(deutschen) Luthertums sogenannten ‚katholisierende Gruppen', die den „protestantischen Einseitigkeiten gegenüber wieder die ‚katholische Fülle' bringen wollen“[367] und damit die Richtigkeit und Notwendigkeit eines ‚Rückkehrökumenismus' implizit bejahen. Dass dieser allerseits in Liebe und Geduld, verbunden mit inständigem Gebet (vgl. UR 8), geschehen muss, ist unabdingbare Voraussetzung. In Anschluss an G. May möchte ich den zweiten Teil dieser Arbeit mit folgender zusammenfassender Formulierung beenden: „Die Einheit aller Christen in der Kirche Christi, d.h. in der römisch-katholischen Kirche, ist das unverrückbare Ziel und die gottgegebene Aufgabe, der alle Katholiken sich auf Grund göttlicher Weisung verpflichtet wissen. Es gibt außerhalb der katholischen Kirche keine das Heil vermittelnde Kirche. Außer ihr ist keine einzige christliche (und noch viel weniger nichtchristliche) Religionsgemeinschaft positiv von Gott gewollt und ausgestattet. Deswegen müssen alle Menschen der einen, heiligen, katholischen und apostolischen Kirche zugeführt werden“[368].

VI. Zusammenfassung

Im ersten Teil dieser Arbeit sollte anhand der Lehre des Zweiten Vatikanischen Konzils und den mit ihr korrespondierenden lehramtlichen und theologische Aussagen dargelegt werden, dass die katholische Kirche die einzig wahre Kirche ist. Ausgehend von der Interpretation des Satzes „Haec Ecclesia (...) subsistit in Ecclesia catholica“ (LG 8) und der Darstellung bedeutender Mittel der Heiligung und der Wahrheit als Ausdrucksformen der einzig wahren Kirche wurde festgestellt, dass in der Ekklesiologie des Zweiten Vatikanums keine „Selbstrelativierung“[369] vorliegt. Vielmehr geht aus dem Kontext die einzigartige Identifizierung der Kirche Christi mit der katholischen Kirche hervor. In diesem Sinne ist der Absolutheitsanspruch und die Exklusivität der katholischen Kirche gegenüber den getrennten ‚Kirchen und kirchlichen Gemeinschaften' zu verstehen, denn nur von der katholischen

[367] Beinert, I (1964), S. 307ff.

[368] May (1991), S. 9.

[369] Vgl. Fries (1987), S. 156f.

Kirche kann gesagt werden, dass in ihr die Kirche Christi subsistiere[370]. „In ihr wird nicht nur Gottes Wort verkündet und werden nicht nur die Sakramente gefeiert, sondern sie allein verfügt auch über die hierarchischen Organe, (...) um ihr Wesen (und dazu gehört konstitutiv ihre Einheit) darzustellen und zu vollziehen. Dazu gehört neben dem in apostolischer Sukzession stehenden Bischofsamt und anderen Institutionen in besonderer Weise das Papstamt."[371] Wenn der dreieinige Gott aber nur eine einzige Kirche ins Leben gerufen hat und wenn diese Kirche ein äußeres Gefüge besitzt (vgl. LG 8), dann kann es unmöglich einhergehen, dass einer fast unüberschaubaren Anzahl anderer ‚Kirchen und kirchlicher Gemeinschaften' etwa gleiches Ansehen und gleiche Existenzberechtigung zugestanden wird – nach dem Motto: „Egal zu welcher Kirche man gehört, wir glauben doch alle an denselben Gott". Eine Vielzahl von ‚Kirchen und kirchlichen Gemeinschaften', die ihre Eigenständigkeit[372] behaupten wollen und zudem in eklatantem Widerspruch zu der einen Kirche stehen, indem sie eigene Glaubenslehren und Strukturen schaffen, sind letztlich nicht „positiv von Gott gewollt und ausgestattet"[373].

Mit der Existenz dieser ‚Kirchen und kirchlichen Gemeinschaften' beschäftigte sich der zweite Teil dieser Arbeit, in dem es um deren dogmatische Verhältnisbestimmung zur katholischen Kirche ging. Nachdem erwiesen wurde, dass verschiedene in der Literatur vorkommende ‚Modelle' für eine rechte Verhältnisbestimmung nicht hinreichend sind, wurde sich im Folgenden an den Sprachgebrauch und die terminologische Unterscheidung des Konzils gehalten. Demgemäß ging es bereits vorher einerseits um die Zugehörigkeit zur Kirche durch Eingliederung und andererseits um die Hinordnung der anderen ‚Kirchen und kirchlichen Gemeinschaften' durch Verbundenheit mit der katholischen Kirche. Nachdem die getrennten Ostkirchen und die davon zu unterscheidenden aus der sogenannten ‚Reformation' des 16. Jh. hervorgegangenen kirchlichen Gemeinschaften in ihren Gemeinsamkeiten, Unterschieden und ihrem grundsätzlichen dogmatischen Verhältnis zur katholischen Kirche untersucht wurden, konnte

---

[370] Vgl. Notation der Glaubenskongregation zu L. Boff, a.a.O.; Sullivan (1988), S. 33.
[371] Löser (1991), S. 311f.
[372] Vgl. ebd., S. 311.
[373] May (1991), S. 9.

man jeweils auf deren ekklesiologischen Charakter schließen. Dieser ist bei den getrennten Ostkirchen auf Grund bedeutender Elemente der Heiligung und der Wahrheit ausgeprägter als der bei den protestantischen Gemeinschaften; in beiden Fällen jedoch abhängig von der katholischen Kirche, durch welche sie die entsprechenden Elemente erhalten haben. „Wenn darum die Katholiken die Wörter ‚Kirche', ‚andere Kirchen', ‚andere Kirchen und kirchliche Gemeinschaften' usw. gebrauchen, um jene zu bezeichnen, die nicht in voller Gemeinschaft mit der katholischen Kirche stehen"[374], müssen sie gemäß der Mahnung des ‚Direktoriums zur Ausführung der Prinzipien und Normen über den Ökumenismus' (vom 25.03.1993) an der Überzeugung festhalten, „dass die eine Kirche Christi in der katholischen Kirche subsistiert, ‚die vom Nachfolger Petri und von den Bischöfen in Gemeinschaft mit ihm geleitet wird", sie müssen bekennen, „daß sich die Fülle der geoffenbarten Wahrheit, der Sakramente und des Amtes, (...) in der katholischen Kirche findet"[375].

Die Bezeichnungen ‚Kirche' für die orthodoxe Kirche oder ‚Evangelische Kirche' für protestantische kirchliche Gemeinschaften setzen sich bei unterschiedslosem Gebrauch der Gefahr aus, die wesensmäßigen Unterschiede und die Tatsache, dass die katholische Kirche die einzig wahre Kirche ist, zu verdunkeln. Um diese Gefahren hat Papst Paul VI. unter Umständen gewusst, wenn er z.B. in seiner Eröffnungsansprache[376] lediglich von „religiösen Gemeinschaften", „anderen Christen", „getrennten Brüdern", „christlichen Gemeinschaften" oder „Repräsentanten der christlichen Denominationen"[377] gesprochen hat. Gerade, was den Protestantismus betrifft, und hier stimme ich G. May zu, darf man keineswegs übersehen, dass er ja „vom Wesen her Angriff auf die katholische Kirche (ist), ja darin besteht seine Existenzberechtigung. Er ist als Abfallbewegung von der katholischen Kirche entstanden, und er sucht auch heute wie vor 500 Jahren die Katholiken zum Abfall von der Kirche zu bewegen"[378]. Diese Abfallbewegung ist begründet in der Ablehnung kirchlicher Dogmen, in der

---

[374] Verlautbarungen des Apostolischen Stuhls (110), Nr. 17.

[375] Ebd., Nr. 17.

[376] Frankfurter Allgemeine Zeitung vom 22.10.1963: Prof. Dr. Karl Th. Schäfer, Bonn.

[377] Vgl. Wiltgen (1988), S. 87.

[378] May (1991), S. 7.

Leugnung der meisten Sakramente und in der nicht vorhandenen Disposition zum Gehorsam gegenüber der kirchlichen Hierarchie, vor allem gegenüber dem Papst und den mit ihm vereinten Bischöfen. Wenn dies so scharf und deutlich gesagt wird, dann wird hier lediglich die Lehre des Protestantismus, nicht aber der Angehörige dieser Gemeinschaften als solcher, negativ beurteilt.

Bei all dem wurde im zweiten Teil dieser Arbeit allerdings auch das Gute und Wahre dieser ‚Kirchen und kirchlichen Gemeinschaften' hervorgehoben. So kommt den orthodoxen Kirchen eher als den protestantischen Gemeinschaften, aber auch diesen, Heilsbedeutung zu, die jedoch mit echten Gefahren und Unsicherheiten verbunden ist. Daraus ergibt sich die Forderung eines ‚Rückkehrökumenismus', der nicht unumstritten ist, aber sehr wohl dem Willen des Zweiten Vatikanischen Konzils entspricht, wenngleich das Wort ‚Rückkehrökumenismus' in den Konzilstexten vermieden wird. Weil aber nur die katholische Kirche im Besitz des ganzen Reichtums der von Gott geoffenbarten Wahrheit und von ihm eingerichteten Gnadenmittel ist, darf sie als Heilsvermittlerin mit Recht ‚einzig wahre Kirche' genannt werden, welcher „alle völlig eingegliedert werden müssen, die schon auf irgendeine Weise zum Volk Gottes gehören" (UR 3, UR 24). Ökumenische Gespräche[379] und Konferenzen, welche „beachtliche Annäherungen der Standpunkte"[380] mit sich bringen sollen, bleiben letztlich ohne Erfolg, wenn es nur darum geht, sich auf der Ebene der Worte zu bewegen. Der neuzeitliche Philosoph Immanuel Kant (1724-1804) hat darauf aufmerksam gemacht, dass die Existenz der Begrifflichkeit keineswegs kreative Kraft für die bezeichnete Wirklichkeit hat[381]. Auf den ökumenischen Dialog übertragen bedeutet dies, dass bekenntnishafte Lehren und begriffliche Annäherungen nicht die Wirklichkeit verändern. Beispielsweise entspricht das Wesen einer im Protestantismus als ‚Bischof' bezeichneten Person ontologisch keineswegs dem realen Wesen eines gültig geweihten in der personalen apostolischen Sukzession und in Gemeinschaft mit dem Weltepiskopat und dem Papst stehenden katholischen Bischof. Oder

---

[379] Vgl. Klein (1986), S. 408.

[380] Petri (1988), S. 367.

[381] Vgl. Hirschberger (1976), S. 405f: Kant: „(...) Mit dem Begriff einer Sache ist ihre Existenz noch nicht gegeben. Wenn ich mir 100 Taler denke, sind sie noch nicht da. (...)".

beispielsweise entspricht das im Protestantismus übliche Geschehen der ‚Abendmahlsfeier' ontologisch keineswegs dem Wandlungsgeschehen in der Eucharistiefeier. Daraus lässt sich schließen, dass ökumenische Bekenntnisse zwar unter Umständen hilfreich sind, aber die Einheit letzten Endes nicht real herbeiführen.

Das Ziel einer wahren und echten Ökumene besteht darin, sich in den Schoß der einen katholischen Kirche rufen zu lassen (vgl. SC 1), sich im Gehorsam gegenüber Papst und Bischöfen, in der Einheit desselben Glaubensbekenntnisses und in der Einheit derselben Sakramente (vgl. LG 14, OE 2) der Kirche voll eingliedern zu lassen. Auf diese Weise soll man den allein wahren Gott erkennen können (vgl. SC 9), der seiner einzigen Kirche die Fülle der Heilsmittel geschenkt und anvertraut hat (vgl. AG 6, GS 40, LG 5, UR 3), um „die ganze Menschheit (...) unter dem einen Haupt Christus zusammenzufassen in der Einheit seines Geistes" (LG 13, vgl. AG 6, AG 10, AG 36, LG 1, LG 2, LG 7, LG 17, LG 19, LG 33, DH 1, GS 40, NA 4, GE 1) zur Verherrlichung Gottes und zur Heiligung der Menschen (vgl. GS 41, AA 2, AA 6, SC 10, IM 3). Dieses Ziel wird die Kirche mit der Hilfe Gottes dann wirkungsvoll erreichen, wenn sie sich ihrer Einzigartigkeit und Absolutheit nicht in Überheblichkeit bewusst wird, sondern sich der liebenden Hingabe und dem selbstlosen Dienst an Gott und den Menschen widmet, dadurch Glaubwürdigkeit gewinnt und es so den Nichtkatholiken erleichtert, sich voll in die katholische Kirche eingliedern zu lassen.

Anhang/Bibliographischer Nachweis

Verzeichnis der wichtigsten Abkürzungen

AA =
Dekret über das Laienapostolat „Apostolicam actuositatem" (18.11.1965)

AAS =
Acta Apostolicae Sedis. Commentarium officiale. Roma 1 (1909)

AG =
Dekret über die Missionstätigkeit der Kirche "Ad gentes" (07.12.1965)

AS =
Acta Synodalia

CD =
Dekret über die Hirtenaufgabe der Bischöfe in der Kirche „Christus Dominus" (28.10.1965)

CIC =
Codex Iuris Canonici. Codex des kanonischen Rechtes (1983)

D =
Heinrich Denzinger: Enchiridion symbolorum definitionum et declarationum de rebus fidei et morum (in lat.-dt. Sprache hrsgg. von P. Hünermann). 37. Auflage. Freiburg i.Br.; Basel; Rom; Wien: Herder, 1991

DH =
Erklärung über die Religionsfreiheit „Dignitatis humanae" (07.12.1965)

DS =
H. Denzinger / A. Schönmetzer: Enchiridion symbolorum definitionum et declarationum de rebus fidei et morum (lat. Ausgabe).

DV =
Dogmatische Konstitution über die göttliche Offenbarung „Dei Verbum" (18.11.1965)

GE =
Erklärung über die christliche Erziehung „Gravissimum educationis" (28.10.1965)

GS =
Pastorale Konstitution über die Kirche in der Welt von heute „Gaudium et spes" (07.12.1965)

IM =
Dekret über die sozialen Kommunikationsmittel „Inter mirifica" (04.12.1963)

KKK =
Katechismus der Katholischen Kirche (08.12.1992)

LG =
Dogmatische Konstitution über die Kirche „Lumen Gentium" (21.11.1964)

LThK =
Lexikon für Theologie und Kirche

NA =
Erklärung über das Verhältnis der Kirche zu den nichtchristlichen Religionen „Nostra aetate" (28.10.1965)

NR =
J. Neuner/H. Roos: Der Glaube der Kirche in den Urkunden der Lehrverkündigung

OE =
Dekret über die katholischen Ostkirchen „Orientalium Ecclesiarum" (21.11.1964)

OR =
L'Osservatore Romano, Wochenausgabe in deutscher Sprache

OT =
Dekret über die Ausbildung der Priester „Optatam totius" (28.10.1965)

PC =
Dekret über die zeitgemäße Erneuerung des Ordenslebens „Perfectae caritatis" (28.10.1965)

PO =
Dekret über Dienst und Leben der Priester „Presbyterorum ordinis" (07.12.1965)

SC =
Konstitution über die heilige Liturgie „Sacrosanctum Concilium" (04.12.1963)

UR =
Dekret über den Ökumenismus „Unitatis redintegratio" (21.11.1964)

Die Abkürzungen der biblischen Schriften richten sich nach den Loccumer Richtlinien. Die Zitation der lehramtlichen Texte geschieht mit wenigen Ausnahmen nach H. Denzinger: Enchiridion symbolorum definitionum et declarationum de rebus fidei et morum, gemäß der von P. Hünermann herausgegebenen lateinisch-deutschen Ausgabe (Abkürzung: s.o.). Die Zitation der Dokumente des Zweiten Vatikanischen Konzils geschieht nach der amtlichen deutschen Übersetzung, so wie sie im ,Kleinen Konzilskompendium (hrsgg. von K. Rahner/H. Vorgrimler) fassbar ist. Die alte Rechtschreibung wurde in der Zitation beibehalten.

Primärliteratur und allgemeine Nachschlagewerke

Aberigo, Giuseppe; Magistretti, Franca: Synopsis Historica: Constitutionis Dogmaticae Lumen Gentium. Bologna: Istituto per le Scienze Religiose, 1975

Codex des kanonischen Rechtes: Lat.-dt. Ausg., hrsgg. im Auftrag der deutschen und Berliner Bischofskonferenz. 3., verb. u. vermehrte Auflage. Kevelaer: Butzon u. Bercker, l989

Duden ‚Fremdwörterbuch': bearb. von Wolfgang Müller unter Mitwirkung von Rudolf Köster und Marion Trunk u.a. – 4., neu bearbeitete u. erw. Aufl. – Mannheim; Wien; Zürich: Bibliographisches Institut, 1982

Enchiridion symbolorum definitionum et declarationum de rebus fidei et morum – Kompendium der Glaubensbekenntnisse und kirchlichen Lehrentscheidungen / Heinrich Denzinger: Hrsgg. von Peter Hünermann unter Mitarbeit von Helmut Hoping. 37., verb., erw., ins Dt. übertr. Auflage. Freiburg i. B.; Basel; Rom; Wien: Herder, 1991

Enchiridion Vaticanum: Documenti del Concilio Vaticano II (1962-1965). Testo ufficiale e versione italiana. Bologna: Dehoniane, 1993

Heilige Schrift: Einheitsübersetzung – Taschenausgabe, 4. Auflage. Stuttgart: Katholisches Bibelwerk, 1986

Index verborum cum documentis Concilii Vaticani Secundi: Hrsgg. Von Xaverius Ochoa. Roma: Institutum Iuridicum Claretianum, 1967

Indices verborum et locutionum decretorum Concilii Vaticani II, 1-16: Istituto per le Scienze religiose di Bologna, Firenze 1968; Bologna 1980; Bologna, 1983

Katechismus der Katholischen Kirche: München; Wien: Oldenbourg; Leipzig: Benno; Freiburg, Schweiz: Paulus; Linz: Veritas, 1993

Katholischer Erwachsenenkatechismus: Das Glaubensbekenntnis der Kirche. Hrsgg. von der Deutschen Bischofskonferenz. 3. Auflage. Kevelaer: Butzon u. Bercker; München: Don Bosco; Stuttgart: Katholisches Bibelwerk; Limburg: Lahn; München: Pfeiffer; Regensburg: Pustet; Köln: Styria, 1985

Klausmann-Molter, Birgit: Pons-Globalwörterbuch Italienisch-Deutsch. Stuttgart: Klett, 1986

Menge-Güthling: Langenscheidts Großwörterbuch Griechisch-Deutsch. 26. Auflage. Berlin; München; Wien; Zürich: Langenscheidt, 1987

Messinger, Heinz; Rüdenberg, Werner: Langenscheidts Großes Schulwörterbuch Englisch-Deutsch. Berlin; München; Wien; Zürich: Langenscheidt, 1977

Pertsch, Erich: Langenscheidts Großes Schulwörterbuch Lateinisch-Deutsch. Erw. Neuausgabe. Berlin; Wien; Zürich: Langenscheidt, 1983

Raffelt, Albert: Proseminar Theologie: Einführung in das wissenschaftliche Arbeiten und in die Bücherkunde. 4., völlig neubearbeitete Auflage. Freiburg i.B.: Herder, 1985

Rahner, Karl; Vorgrimler, Herbert: Kleines Konzilskompendium: Sämtliche Texte des Zweiten Vatikanums mit Einführungen und ausführlichem Sachregister. 23. Auflage. Freiburg i. B.; Basel; Wien: Herder, 1991

Schill, Ines: Lexikon der Synonyme. Niedernhausen/Ts.: Bassermann, 1993

Zweites Vatikanisches Konzil: Dogmatisches Konstitution über die Kirche. Authentischer lateinischer Text. Deutsche Übersetzung im Auftrage der deutschen Bischöfe. Mit einer Einleitung von Joseph Ratzinger. Münster: Aschendorff, 1965

Sekundärliteratur

Arbeitshilfen (39): Richtlinie für die ökumenische Praxis. Bonn: Sekretariat der Deutschen Bischofskonferenz, 18.08.1985

Arbeitshilfen (52): Die Aufnahme in die volle Gemeinschaft der katholischen Kirche. Eine Handreichung für die seelsorgliche Begleitung von Konvertiten. Bonn: Sekretariat der Deutschen Bischofskonferenz, 27.04.1987

Arbeitshilfen (59): Ökumenischer Dialog über „Kirchengemeinschaft in Wort und Sakrament". Bonn: Sekretariat der Deutschen Bischofskonferenz, 26.05.1987

Balthasar, Hans Urs von: Die Absolutheit des Christentums und die Katholizität der Kirche. Freiburg i. B.; Basel; Wien: Herder, 1977 (Quaestiones disputatae 79)

Bea, Augustin Kardinal: Die Einheit der Christen: Probleme und Prinzipien, Hindernisse und Mittel, Verwirklichungen und Aussichten. Freiburg i. B.: Herder, 1963

Beinert, Wolfgang: Das Bild von der Kirche nach den Dokumenten des II. Vatikanischen Konzils. In: Löser, Werner (Hrsg.): Die römisch-katholische Kirche. Frankfurt: Evangelisches Verlagswerk, 1986, S. 11-46

Beinert, Wolfgang: Um das dritte Kirchenattribut: Die Katholizität der Kirche im Verständnis der evangelisch-lutherischen und römisch-katholischen Theologie der Gegenwart. I. Band: Katholizität in der Geschichte der Theologie in der evangelisch-lutherischen Theologie. Essen: Ludgerus, 1964

Beinert, Wolfgang: Um das dritte Kirchenattribut: Die Katholizität der Kirche im Verständnis der evangelisch-lutherischen und römisch-katholischen Theologie der Gegenwart. II. Band: Katholizität in der römisch-katholischen Theologie. Essen: Ludgerus, 1964

Beinert, Wolfgang: Die alleinseligmachende Kirche oder: Wer kann gerettet werden? (Bensberger Manuskripte; 40). Bensberg: Thomas-Morus-Akademie, 1990

Boff, Leonardo: Die Kirche als Sakrament im Horizont der Welterfahrung. Paderborn: Bonifatius, 1972

Boff, Leonardo: Kirche: Charisma und Macht: Studien zu einer streitbaren Ekklesiologie. 5. Auflage. Düsseldorf: Patmos, 1985

Congar, Yves: Katholizität und Romanität – das wechselvolle Miteinander zweier Dimensionen der Kirche im Wandel der Zeiten. In: Löser, Werner (Hrsg.): Die römisch-katholische Kirche. Frankfurt: Evangelisches Bibelwerk, 1986, S. 47-87

Congar, Yves: Veränderung des Begriffs „Zugehörigkeit zur Kirche“ (1976). In: Meinhold, Peter (Hrsg.): Das Problem der Kirchengliedschaft heute. Darmstadt: Wissenschaftliche Buchgesellschaft, 1979, S. 279-291

Dietzfelbinger, Wolfgang: Die Grenzen der Kirche nach römisch-katholischer Lehre. Göttingen: Vandenhoeck u. Ruprecht, 1962

Döring, Heinrich: Die Communio-Ekklesiologie als Grundmodell und Chance der ökumenischen Theologie. In: Schreiner, Josef; Wittstadt, Klaus (Hrsg.): Communio sanctorum: Einheit der Christen – Einheit der Kirche. Festschrift für Bischof Paul-Werner Scheele. Würzburg: Echter, 1988, S. 439-469

Düring, Walter: Maria – Mutter der Kirche: zur Geschichte und Theologie des neuen liturgischen Marientitels. St. Ottilien: EOS, 1979

Fares, Armando: Gebet um die Rückkehr aller Christen in die einzige Kirche Christi. In: Vaticanum secundum: Band II: Die zweite Konzilsperiode. Hrsgg. von Otfried Müller in Zusammenarbeit mit Werner Becker und Josef Gülden. Leipzig: Benno, 1965, S. 625

Fries, Heinrich: Das Mysterium der Kirche. In: Das neue Volk Gottes. Hrsgg. von Wilhelm Sandfuchs. Würzburg: Arena, 1966, S. 14-26

Fries, Heinrich; Pesch, Otto Hermann: Streiten für die eine Kirche. München: Kösel, 1987

Galli, Mario von; Moosbrugger, Bernhard: Das Konzil. Von Johannes XXIII. zu Paul VI.: Chronik der zweiten Sessio. Die Pilgerfahrt ins Heilige Land. Mainz: Grünewald, 1964

Grillmeier, Aloys: Kommentar zum 1. Kapitel von LG. In: LThK-Ergänzungsband: Das Zweite Vatikanische Konzil I. Taschenbuchausgabe Freiburg i. B.: Herder, 1966, S. 156-176

Grillmeier, Aloys: Kommentar zum 2. Kapitel von LG. In: LThK-Ergänzungsband: Das Zweite Vatikanische Konzil I. Taschenbuchausgabe Freiburg i. B.: Herder, 1966, S. 176-209

Heinemann, Heribert: Kirchen und kirchliche Gemeinschaften – Eine Anfrage an das neue Gesetzbuch der katholischen Kirche. In: Zeitschrift für evangelisches Kirchenrecht 32 (1987), S. 378-386

Hilling, Nikolaus: Die kirchliche Mitgliedschaft nach der Enzyklika Mystici Corporis Christi und nach dem Codex Iuris Canonici (1951). In: Meinhold, Peter (Hrsg.): Das Problem der Kirchengliedschaft heute. Darmstadt: Wissenschaftliche Buchgesellschaft, 1979. S. 11-21

Hirschberger, Johannes: Geschichte der Philosophie: Altertum und Mittelalter. 14. Auflage. Freiburg i. B.: Herder, 1976

Holböck, Ferdinand: Das Mysterium der Kirche in dogmatischer Sicht. In: Hölböck, Ferdinand; Sartory, Thomas (Hrsg.): Mysterium der Kirche in der Sicht der theologischen Disziplinen. Salzburg: Müller, 1962, S. 201-224

Johannes Paul II: Die Schwelle der Hoffnung überschreiten. Hrsgg. von Vittorio Messori. 1. Auflage. Hamburg: Hoffmann und Campe, 1994

Kaiser, Matthäus: Zugehörigkeit zur Kirche (1976). In: Meinhold, Peter (Hrsg.): Das Problem der Kirchengliedschaft heute. Darmstadt: Wissenschaftliche Buchgesellschaft, 1979, S. 292-304

Kasper, Walter: Der ekklesiologische Charakter der nichtkatholischen Kirchen. In: Theologische Quartalschrift 145 (1965), S. 42-62

Kehl, Medard: „Charisma und Macht“: Zum Streit um Leonardo Boff. In: Geist und Leben. Zeitschrift für Aszese und Mystik. 58. Jahrgang. Würzburg: Echter, 1985, S. 337-350

Kehl, Medard: Die Kirche: Eine katholische Ekklesiologie. Würzburg: Echter, 1992

Klein, Aloys: Die Beziehungen zu den reformatorischen Kirchen und kirchlichen Gemeinschaften. In: Löser, Werner (Hrsg.): Die römisch-katholische Kirche. Frankfurt: Evangelisches Verlagswerk, 1986, S. 384-414

Klünder, Georg: Die Kirche ist die Fülle. In: Hardt, Karl (Hrsg.): Bekenntnis zur katholischen Kirche. 5. Auflage. Würzburg: Echter, 1956, S. 59-113

Kreider, Thomas: Was sagt das Konzil über die Kirche? Mainz: Matthias-Grünewald, 1966

Larentzakis, Grigorios: Trinitarisches Kirchenverständnis. Freiburg i. B.: Herder, 1984 (Quaestiones disputatae 101)

Lauter, Hermann-Josef: Die Kirche im Mysterium des dreifaltigen Gottes. In: Pastoralblatt für die Diözesen Aachen, Berlin, Essen, Hildesheim, Köln, Osnabrück 41 (1989)

Lehmann, Karl: Zur Frage „Wer ist Glied der Kirche?“ (1976). In Meinhold, Peter (Hrsg.): Das Problem der Kirchengliedschaft heute. Darmstadt: Wissenschaftliche Buchgesellschaft, 1979

Lercaro, Giacomo: Grenzen und Wesen der Kirche. In: Vaticanum secundum. Band II: Die zweite Konzilsperiode. Hrsgg. von Otfried Müller in Zusammenarbeit mit Werner Becker und Josef Gülden. Leipzig: Benno, 1965, S. 257-262

Liturgia Horarum: Iuxta Ritum Romanum, III/ Tempus per Annum Hebdomadae I-XVII, Editio typica. Roma: Polyglottis Vaticanis, 1975

Löser, Werner: Trinitätstheologie heute: Ansätze und Entwürfe. Freiburg i. B.: Herder, 1984 (quaestiones disputatae 101)

Löser, Werner: (I) Das Einheits- und Ökumenismusverständnis der römisch-katholischen Kirche. In: Löser, Werner (Hrsg.): Die römisch-katholische Kirche. Frankfurt: Evangelisches Verlagswerk, 1986, S. 331-345

Löser, Werner: (II) Apostolische Kirche. In: Die römisch-katholische Kirche. Frankfurt: Evangelisches Verlagswerk, 1986, S. 88-96

Löser, Werner: Kirche und Kirchen. In: Beinert, Wolfgang (Hrsg.): Lexikon der katholischen Dogmatik. 3., durchges. u. aktual. Auflage. Freiburg i. B.: Basel; Wien: Herder, 1991, S. 311-312

May, Georg: Der Ökumenismus als Hebel der Protestantisierung der katholischen Kirche. Köln: Una Voce Korrespondenz, Sonderdruck aus Heft 5/1975 (3. Nachdruck 1991)

Meinhold, Peter: Der evangelische Christ und das Konzil. Freiburg i. B.: Herder, 1961

Mörsdorf, Klaus: Der hierarchische Aufbau der Kirche. In: Das neue Volk Gottes. Hrsgg. von Wilhelm Sandfuchs. Würzburg: Arena, 1966, S. 38-54

Müller, Otfried: Vaticanum secundum. Band III/2: Die dritte Konzilsperiode: Die Verhandlungen. In Zusammenarbeit mit Werner Becker und Josef Gülden. Leipzig: Benno, 1967

Notifikation der Kongregation für die Glaubenslehre zu dem Buch „Kirche: Charisma und Macht“ von L. Boff. In: L’Osservatore Romano, Wochenausgabe in deutscher Sprache vom 29.03.1985 (Nr. 13), S. 4

Ott, Ludwig: Grundriß der katholischen Dogmatik. 10. Auflage mit Literaturnachträgen. Freiburg i. B.: Herder, 1981

Petri, Heinrich: Konfessionelle Identität und kirchliche Gemeinschaft. In: Schreiner, Josef; Wittstadt, Klaus (Hrsg.): Communio sanctorum: Einheit der Christen – Einheit der Kirche; Festschrift für Bischof Paul-Werner Scheele. Würzburg: Echter, 1988, S. 365-379

Philips, Gerard: Die Geschichte der Dogmatischen Konstitution über die Kirche „Lumen Gentium“. In: LThK – Ergänzungsband: Das Zweite Vatikanische Konzil I. Freiburg i. B.: Herder, 1966, S. 139-155

Piffl-Percevic, Theodor; Stirnemann, Alfred (Hrsg.): 20 Jahre Ökumenismusdekret des II. Vatikanischen Konzils, 20 Jahre Pro Oriente, 500. Geburtstag von Martin Luther. Innsbruck; Wien: Tyrolia, 1984

Raabe, Felix: 14 Thesen gegen die Kirchen. Eine Auseinandersetzung mit den Forderungen in der FDP zur Trennung von Kirche und Staat. In: Kirche und Gesellschaft (Nr. 5); Herausgeber: Katholische Sozialwissenschaftliche Zentralstelle Mönchengladbach. Köln: Bachem, 1974

Rahner, Karl: Kirchengliedschaft. In: LThK, Bd. 6, Taschenbuchausgabe. Freiburg i. B.: Herder, 1961, S. 221-225

Rahner, Karl: Zum Schema von der Kirche. Vortrag am 2.10.1963 in Rom beim deutschen Pressezentrum. In: Vaticanum secundum. Band II: Die zweite Konzilsperiode. Hrsgg. von Otfried Müller in Zusammenarbeit mit Werner Becker und Josef Gülden. Leipzig: Benno, 1965, S. 135-141

Rahner, Karl: Kirchengliedschaft. In: Sacramentum Mundi, Bd II. Freiburg i. B., Basel, Wien: Herder, 1968, S. 1209-1215

Rahner, Karl; Vorgrimler, Herbert: Kleines Theologisches Wörterbuch. 15. Auflage. Freiburg i. B.; Basel; Wien: Herder, 1985

Ratzinger, Joseph: Die Entwicklung des Schemas De Ecclesia. Vortrag am 23.09.1964 in Rom beim deutschen Pressezentrum. In: Vaticanum secundum. Band III/2: Die dritte Konzilsperiode: Die Verhandlungen. Hrsgg. von Otfried Müller in Zusammenarbeit mit Werner Becker und Josef Gülden. Leipzig: Benno, 1967, S. 160-163

Ratzinger, Joseph: Das neue Volk Gottes: Entwürfe zur Ekklesiologie. Düsseldorf: Patmos, 1969

Ratzinger, Joseph Kardinal: Die Ekklesiologie des Zweiten Vatikanums. In: Pastoralblatt 88 (1986)

Ratzinger, Joseph Kardinal: Kirche, Ökumene und Politik: Neue Versuche zur Ekklesiologie. Einsiedeln: Johannes, 1987

Robert, A.; Feuillet, A. (Hrsg.): Einleitung in die Heilige Schrift. Band I: Allgemeine Einleitungsfragen und Altes Testament. Wien; Freiburg; Basel: Herder, 1963, S. 182-209

Ruf, Norbert: Das Recht der katholischen Kirche nach dem neuen Codex Iuris Canonici für die Praxis erläutert. 5., überarbeitete Auflage. Freiburg i. B.: Herder, 1989

Ruffini, Ernesto: Gefordert ist: Rückkehr. In: Vaticanum secundum. Band II: Die zweite Konzilsperiode. Hrsgg. von Otfried Müller in Zusammenarbeit mit Werner Becker und Josef Gülden. Leipzig: Benno, 1965, S. 633-634

Scheffczyk, Leo: Aspekte der Kirche in der Krise: Um die Entscheidung für das authentische Konzil. Siegburg: Schmitt, 1993

Schildenberger, Johannes: Schriftsinne. In: LThK, 9. Band, Taschenbuchausgabe. Freiburg i. B.: Herder, 1964, S. 491-493

Schillebeckx, Edward: Menschen: Die Geschichte von Gott. Freiburg i. B.: Herder, 1990

Schlink, Edmund: Nach dem Konzil. (Siebenstern-Taschenbuch 75). München und Hamburg: Siebenstern, 1966

Schmaus, Michael: Die Zugehörigkeit zur Kirche (Kirchengliedschaft) (1958). In: Meinhold, Peter (Hrsg.): Das Problem der Kirchengliedschaft heute. Darmstadt: Wissenschaftliche Buchgesellschaft, 1979, S. 58-83

Schütte, Heinz: Amt, Ordination und Sukzession im Verständnis evangelischer und katholischer Exegeten und Dogmatiker der Gegenwart sowie in Dokumenten ökumenischer Gespräche. Düsseldorf: Patmos, 1974

Schütte, Heinz: Kirche im ökumenischen Verständis: Kirche des dreieinigen Gottes. Paderborn: Bonifatius; Frankfurt: Lembeck, 1991

Schütte, Heinz: Ziel: Kirchengemeinschaft: Zur ökumenischen Orientierung. Paderborn: Bonifatius, 1985

Schulz, Hans-Joachim: Die Beziehungen zu den orthodoxen Kirchen. In: Löser, Werner (Hrsg.): Die römisch-katholische Kirche. Frankfurt: Evangelisches Verlagswerk, 1986, S. 346-383

Sekretariat für die Einheit der Christen: Ökumenisches Direktorium (Teil I). Richtlinien zur Durchführung der Konzilsbeschlüsse über die ökumenische Aufgabe, 14.05.1967. In: Piffl.-Percevic, Theodor; Stirnemann, Alfred (Hrsg.), a.a.O., S. 34-47

Sekretariat für die Einheit der Christen: Ökumenisches Direktorium (Teil II). Richtlinien zur Durchführung der Konzilsbeschlüsse über die ökumenische Aufgabe, 07.01.1970. In: Piffl-Percevic, Theodor; Stirnemann, Alfred (Hrsg.), a.a.O., S. 48-61

Sekretariat für die Einheit der Christen: Instruktion für besondere Fälle einer Zulassung anderer Christen zur eucharistischen Kommunion in der katholischen Kirche, 01.06.1972. In: Piffl-Percevic, Theodor; Stirnemann, Alfred (Hrsg.), a.a.O., S. 80-88

Semmelroth, Otto: Maria im Geheimnis Christi und der Kirche. In: Das neue Volk Gottes. Hrsgg. von Wilhelm Sandfuchs. Würzburg: Arena, 1966, S. 102-114

Stakemeier, Eduard: Kirche und Ökumenismus. Aus dem Vortrag am 13.11.1963 in Rom beim deutschen Pressezentrum. In: Vaticanum secundum. Band II. Die zweite Konzilsperiode. Hrsgg. von Otfried Müller in Zusammenarbeit mit Werner Becker und Josef Gülden. Leipzig: Benno, 1965, S. 167-176

Stakemeier, Eduard: Die Konzilsdiskussion über das Schema „De Oecumenismo“: Eine Übersicht über die Ergebnisse. In: Vaticanum secundum. Band II: Die zweite Konzilsperiode. Hrsgg. von Otfried Müller in Zusammenarbeit mit Werner Becker und Josef Gülden. Leipzig: Benno, 1965, S. 540-566

Stobbe, Heinz-Günther: (I) Ökumenische Bewegung. In: Wörterbuch des Christentums (Hrsgg. u.a. von Volker Drehsen in Zusammenarbeit mit Manfred Baumotte). Gütersloh: Gütersloher Verlags-Haus Mohn, 1988, S. 899-903

Stobbe, Heinz-Günther: (II) Ökumenischer Rat der Kirchen. In: Wörterbuch des Christentums (Hrsgg. u.a. von Volker Drehsen in Zusammenarbeit mit Manfred Baumotte). Gütersloh: Gütersloher Verlags-Haus Mohn, 1988, S. 903-904

Sullivan, Francis A.: The Church we believe in: One, holy, catholic and apostolic. New York; Mahwah, N.J.: Paulist Press, 1988

Verlautbarungen des Apostolischen Stuhls (27): Die ökumenische Zusammenarbeit auf regionaler, nationaler und örtlicher Ebene. Dokument des Sekretariats für die Einheit der Christen (1975). 2., unveränderte Auflage, Bonn: Sekretariat der Deutschen Bischofskonferenz, 1980

Verlautbarungen des Apostolischen Stuhls (75): Enzyklika Redemptoris Mater von Papst Johannes Paul II. Über die selige Jungefrau Maria im Leben der pilgernden Kirche. Bonn: Sekretariat der Deutschen Bischofskonferenz (Hrsg.), 25.03.1987

Verlautbarungen des Apostolischen Stuhls (100): Enzyklika Redemptoris Missio Seiner Heiligkeit Papst Johannes Paul II. Über die fortdauernde Gültigkeit des missionarischen Auftrags. Bonn: Sekretariat der Deutschen Bischofskonferenz (Hrsg.), 07.12.1990

Verlautbarungen des Apostolischen Stuhls (110): Direktorium zur Ausführung der Prinzipien und Normen über den Ökumenismus. Bonn: Sekretariat der Deutschen Bischofskonferenz (Hrsg.), 25.03.1993

Verlautbarungen des Apostolischen Stuhls (113): Direktorium für Dienst und Leben der Priester. Bonn: Sekretariat der Deutschen Bischofskonferenz (Hrsg.), 31.01.1994

Verlautbarungen des Apostolischen Stuhls (115): Päpstliche Bibelkommission: Die Interpretation der Bibel in der Kirche. Bonn: Sekretariat der Deutschen Bischofskonferenz (Hrsg.), 23.04.1993

Verlautbarungen des Apostolischen Stuhls (117): Apostolisches Schreiben von'Ordinatio sacerdotalis' zur Frage der Zulassung der Frauen zum Priesteramt (15.10.1976). Bonn: Sekretariat der Deutschen Bischofskonferenz, 22.05.1994

Volk, Hermann: Die sichtbare Kirche ist nicht gleichzusetzen mit dem Reich Gottes. In: Vaticanum secundum. Band II: Die zweite Konzilsperiode. Hrsgg. von Otfried Müller in Zusammenarbeit mit Werner Becker und Josef Gülden. Leipzig: Benno, 1965, S. 262-263

Weissgerber, Hans: Die Frage nach der wahren Kirche: Eine Untersuchung zu den ekklesiologischen Problemen der ökumenischen Bewegung. Essen: Ludgerus, 1963

Wiedenhofer, Siegfried: Das katholische Kirchenverständis: Ein Lehrbuch der Ekklesiologie. Graz; Wien; Köln: Styria, 1992

Wiltgen, Ralph M.: Der Rhein fließt in den Tiber: Eine Geschichte des Zweiten Vatikanischen Konzils. 2. Auflage. Feldkirch: Lins, 1988

Printed by Books on Demand GmbH, Norderstedt / Germany